Critique et vérité

Roland Barthes

Critique
et vérité

Éditions du Seuil

La première édition de cet ouvrage a été publiée
dans la collection « Tel Quel »

ISBN 978-2-02-038180-2

(ISBN 2-02-001931-0, 1ʳᵉ édition)

© Éditions du Seuil

Le code de la propriété intellectuelle interdit les copies ou reproductions destinées à une utilisation collective. Toute représentation ou reproduction intégrale ou partielle faite par quelque procédé que ce soit, sans le consentement de l'auteur ou de ses ayants cause, est illicite et constitue une contrefaçon sanctionnée par les articles L. 335-2 et suivants du Code de la propriété intellectuelle.

I

Ce qu'on appelle « nouvelle critique » ne date pas d'aujourd'hui. Dès la Libération (ce qui était normal), une certaine révision de notre littérature classique a été entreprise au contact de philosophies nouvelles, par des critiques fort différents et au gré de monographies diverses qui ont fini par couvrir l'ensemble de nos auteurs, de Montaigne à Proust. Il n'y a rien d'étonnant à ce qu'un pays reprenne ainsi périodiquement les objets de son passé et les décrive de nouveau pour savoir *ce qu'il peut en faire* : ce sont là, ce devraient être des procédures régulières d'évaluation.

Or voici que l'on vient brusquement d'accuser ce mouvement d'imposture[1], lançant contre ses

---

1. R. Picard, *Nouvelle critique ou nouvelle imposture*, Paris, J.-J. Pauvert, collection « Libertés » 1965, 149 p. – Les attaques de Raymond Picard portent principalement contre *Sur Racine* (Seuil, 1963 [*OC*, t. I]).

Critique et Vérité

œuvres (ou du moins certaines d'entre elles) les interdits qui définissent d'ordinaire, par répulsion, toute avant-garde : on découvre qu'elles sont vides intellectuellement, sophistiquées verbalement, dangereuses moralement et qu'elles ne doivent leur succès qu'au snobisme. L'étonnant est que ce procès vienne si tard. Pourquoi aujourd'hui ? S'agit-il d'une réaction insignifiante ? du retour offensif d'un certain obscurantisme ? ou, au contraire, de la première résistance à des formes neuves de discours, qui se préparent et ont été pressenties ?

Ce qui frappe, dans les attaques lancées récemment contre la nouvelle critique, c'est leur caractère immédiatement et comme naturellement collectif[1]. Quelque chose de primitif et de nu s'est mis à bouger là-dedans. On aurait cru assister à quelque rite d'exclusion mené dans une commu-

---

1. Un certain groupe de chroniqueurs a apporté au libelle de R. Picard un soutien sans examen, sans nuances et sans partage. Donnons ce tableau d'honneur de l'ancienne critique (puisque nouvelle critique il y a) : *Les Beaux Arts* (Bruxelles, 23 déc. 1965), *Carrefour* (29 déc. 1965), *La Croix* (10 déc. 1965), *Le Figaro* (3 nov. 1965), *Le XXe Siècle* (nov. 1965), *Midi libre* (18 nov. 1965), *Le Monde* (23 oct. 1965), auquel il faut ajouter certaines lettres de ses lecteurs (13, 20, 27 nov. 1965), *La Nation française* (28 oct. 1965), *Pariscope* (27 oct. 1965), *La Revue parlementaire* (15 nov. 1965), *Europe-Action* (janv. 1966) ; sans oublier l'Académie française (Réponse de Marcel Achard à Thierry Maulnier, *Le Monde*, 21 janv. 1966).

Critique et Vérité

nauté archaïque contre un sujet dangereux. D'où un étrange lexique de l'*exécution*[1]. On a rêvé de *blesser*, de *crever*, de *battre*, d'*assassiner* le nouveau critique, de le traîner en *correctionnelle*, au *pilori*, sur l'*échafaud*[2]. Quelque chose de vital avait sans doute été touché, puisque l'exécuteur n'a pas été seulement loué pour son talent, mais *remercié*, félicité comme un justicier à la suite d'un nettoyage : on lui avait déjà promis l'immortalité, aujourd'hui on l'embrasse[3]. Bref l'« exécution » de la nouvelle critique apparaît comme une tâche d'hygiène publique, qu'il fallait oser et dont la réussite soulage.

Provenant d'un groupe limité, ces attaques ont

---

1. « C'est une exécution » *(La Croix)*.
2. Voici quelques-unes de ces images gracieusement offensives : « Les armes du ridicule » *(Le Monde)*. « Mise au point en volée de bois vert » *(Nation française)*. « Coup bien porté », « dégonfler des outres disgracieuses » *(Le XXe Siècle)*. « La charge de pointes assassines » *(Le Monde)*. « Escroqueries intellectuelles » (R. Picard, *op. cit.*). « Pearl Harbour de la nouvelle critique » *(Revue de Paris, janv. 1966)*. « Barthes au pilori » *(L'Orient, Beyrouth, 16 janv. 1966)*. « Tordre le cou à la nouvelle critique et proprement décapiter un certain nombre d'imposteurs parmi lesquels M. Roland Barthes, dont vous brandissez le chef, décollé net » *(Pariscope)*.
3. « Je crois pour ma part que les ouvrages de M. Barthes vieilliront plus vite que ceux de M. Picard » (E. Guitton, *Le Monde*, 28 mars 1964). « J'ai envie d'embrasser M. Raymond Picard pour avoir écrit... votre pamphlet *(sic)* » (Jean Cau, *Pariscope*).

une sorte de marque idéologique, elles plongent dans cette région ambiguë de la culture où quelque chose d'indéfectiblement politique, indépendant des options du moment, pénètre le jugement et le langage[1]. Sous le Second Empire, la nouvelle critique aurait eu son procès : ne blesse-t-elle pas la raison, en contrevenant aux « *règles élémentaires de la pensée scientifique ou même simplement articulée* » ? Ne choque-t-elle pas la morale, faisant intervenir partout « *une sexualité obsédante, débridée, cynique* » ? Ne discrédite-t-elle pas nos institutions nationales aux yeux de l'étranger[2] ? En un mot, n'est-elle pas « *dangereuse* »[3] ? Appliqué à l'esprit, au langage, à l'art, ce mot affiche immédiatement toute pensée régressive. Celle-ci vit en effet dans la peur (d'où l'unité des images de destruction) ; elle craint toute novation, dénoncée chaque fois comme « vide » (c'est en général tout ce qu'on trouve à dire du nouveau). Cependant cette

---

1. « Raymond Picard répond ici au progressiste Roland Barthes... Picard rive leur clou à ceux qui remplacent l'analyse classique par la surimpression de leur délire verbal, aux maniaques du déchiffrage, qui croient que tout le monde raisonne comme eux en fonction de la Kabbale, du Pentateuque ou de Nostradamus. L'excellente collection « Libertés », dirigée par Jean-François Revel (Diderot, Celse, Rougier, Russell) agacera encore bien des dents, mais certes pas les nôtres » (*Europe-Action*, janv. 1966).
2. R. Picard, *op. cit.*, p. 58, p. 30 et p. 84.
3. *Ibid.*, p. 85 et p. 148.

Critique et Vérité

peur traditionnelle est compliquée aujourd'hui d'une peur contraire, celle de paraître anachronique ; on assortit donc la suspicion du nouveau de quelques révérences envers « *les sollicitations du présent* » ou la nécessité de « *repenser les problèmes de la critique* », on éloigne d'un beau mouvement oratoire « *le vain retour au passé* »[1]. La régression se fait aujourd'hui honteuse, tout comme le capitalisme[2]. D'où de singuliers *à-coups* : on feint un certain temps d'encaisser les œuvres modernes, dont il faut parler, puisqu'on en parle ; puis, brusquement, une sorte de mesure étant atteinte, on passe à l'exécution collective. Ces procès, montés périodiquement par des groupes fermés, n'ont donc rien d'extraordinaire ; ils viennent au terme de certaines ruptures d'équilibre. Mais pourquoi, aujourd'hui, la Critique ?

Ce qui est notable, dans cette opération, ce n'est pas tellement qu'elle oppose l'ancien et le nouveau, c'est qu'elle frappe d'interdit, par une réaction nue, une certaine parole autour du livre : ce

---

1. E. Guitton, *Le Monde*, 13 nov. 1965. – R. Picard, *op. cit.*, p. 149. – J. Piatier, *Le Monde*, 23 oct. 1965.
2. Cinq cents partisans de J.-L. Tixier-Vignancour affirment dans un manifeste leur volonté de « poursuivre leur action sur la base d'une organisation militante et d'une idéologie nationaliste... capable de s'opposer efficacement au marxisme et à la technocratie capitaliste » (*Le Monde*, 30-31 janv. 1966).

qui n'est pas toléré, c'est que le langage puisse parler du langage. La parole dédoublée fait l'objet d'une vigilance spéciale de la part des institutions, qui la maintiennent ordinairement sous un code étroit : dans l'État littéraire, la critique doit être aussi « tenue » qu'une police : libérer l'une serait aussi « dangereux » que de populariser l'autre : ce serait mettre en cause le pouvoir du pouvoir, le langage du langage. Faire une seconde écriture avec la première écriture de l'œuvre, c'est en effet ouvrir la voie des relais imprévisibles, le jeu infini des glaces, et c'est cette échappée qui est suspecte. Tant que la critique a eu pour fonction traditionnelle de juger, elle ne pouvait être que conformiste, c'est-à-dire conforme aux intérêts des juges. Cependant, la véritable « critique » des institutions et des langages ne consiste pas à les « juger », mais à les *distinguer*, à les *séparer*, à les *dédoubler*. Pour être subversive, la critique n'a pas besoin de juger, il lui suffit de parler du langage, au lieu de s'en servir. Ce que l'on reproche aujourd'hui à la nouvelle critique, ce n'est pas tant d'être « nouvelle », c'est d'être pleinement une « critique », c'est de redistribuer les rôles de l'auteur et du commentateur et d'attenter par là à l'ordre des langages [1]. On s'en assurera en observant le droit qu'on lui oppose et dont on prétend s'autoriser pour l'« exécuter ».

1. Cf. *infra*, p. 49 s.

Critique et Vérité

Le Vraisemblable critique

Aristote a établi la technique de la parole feinte sur l'existence d'un certain *vraisemblable*, déposé dans l'esprit des hommes par la tradition, les Sages, la majorité, l'opinion courante, etc. Le vraisemblable, c'est ce qui, dans une œuvre ou un discours, ne contredit aucune de ces autorités. Le vraisemblable ne correspond pas fatalement à ce qui a été (ceci relève de l'histoire) ni à ce qui doit être (cela relève de la science), mais simplement à ce que le public croit possible et qui peut être tout différent du réel historique ou du possible scientifique. Aristote fondait par là une certaine esthétique du public ; si on l'appliquait aujourd'hui aux œuvres de masse, on arriverait peut-être à reconstituer le vraisemblable de notre époque ; car de telles œuvres ne contredisent jamais ce que le public croit possible, si impossible que cela soit, historiquement ou scientifiquement.

L'ancienne critique n'est pas sans rapport avec ce que l'on pourrait imaginer d'une critique de masse, pour peu que notre société se mette à consommer du commentaire critique comme elle consomme du film, du roman ou de la chanson ; à l'échelle de la communauté culturelle, elle dispose d'un public, règne dans les pages littéraires de

Critique et Vérité

quelques grands journaux et se meut à l'intérieur d'une logique intellectuelle où l'on ne peut contredire ce qui vient de la tradition, des Sages, de l'opinion courante, etc. Bref, il y a un vraisemblable critique.

Ce vraisemblable ne s'exprime guère dans des déclarations de principe. Étant *ce qui va de soi*, il reste en deçà de toute méthode, puisque la méthode est au contraire l'acte de doute par lequel on s'interroge sur le hasard ou la nature. On le saisit surtout dans ses étonnements et ses indignations devant les « extravagances » de la nouvelle critique : tout lui paraît *« absurde »*, *« saugrenu »*, *« aberrant »*, *« pathologique »*, *« forcené »*, *« effarant »* [1]. Le vraisemblable criti-

---

1. Voici les expressions appliquées par R. Picard à la nouvelle critique : « imposture », « le hasardeux et le saugrenu » (p. 11), « pédantesquement » (p. 39), « extrapolation aberrante » (p. 40), « façon intempérante, propositions inexactes, contestables ou saugrenues » (p. 47), « caractère pathologique de ce langage » (p. 50), « absurdités » (p. 52), « escroquerie intellectuelle » (p. 54), « livre qui aurait de quoi révolter » (p. 57), « excès d'inconsistance satisfaite », « répertoire de paralogismes » (p. 59), « affirmations forcenées » (p. 71), « lignes effarantes » (p. 73), « extravagante doctrine » (p. 73), « intelligibilité dérisoire et creuse » (p. 75), « résultats arbitraires, inconsistants, absurdes » (p. 92), « absurdités et bizarreries » (p. 146), « jobardise » (p. 147). J'allais ajouter : « laborieusement inexact », « bévues », « suffisance qui prête à sourire », « chinoiseries de forme », « subtilités de mandarin déliquescent », etc., mais ceci n'est pas de R. Picard, c'est

que aime beaucoup les « évidences ». Ces évidences sont cependant surtout normatives. Par un procédé de renversement habituel, l'incroyable procède du défendu, c'est-à-dire du dangereux : les désaccords deviennent des écarts, les écarts des fautes, les fautes des péchés [1], les péchés des maladies, les maladies des monstruosités. Comme ce système normatif est très étroit, un rien le déborde : des règles surgissent, perceptibles aux points du vraisemblable que l'on ne peut transgresser sans aborder une sorte d'*anti-nature* critique et tomber dans ce qu'on appelle alors la « tératologie [2] ». Quelles sont donc les règles du vraisemblable critique en 1965 ?

L'Objectivité

Voici la première, dont on nous rebat les oreilles : *l'objectivité*. Qu'est-ce donc que l'objectivité en matière de critique littéraire ? Quelle est la qualité de l'œuvre qui « existe en dehors de

---

dans Sainte-Beuve pastiché par Proust et dans le discours de M. de Norpois « exécutant » Bergotte...

1. Un lecteur du *Monde*, dans une langue bizarrement religieuse, déclare que tel livre de la nouvelle critique « est chargé de péchés contre l'objectivité » (27 nov. 1965).
2. R. Picard, *op. cit.*, p. 88.

nous[1] » ? Cet *extérieur*, si précieux puisqu'il doit borner l'extravagance du critique et sur lequel on devrait pouvoir s'entendre facilement, puisqu'il est soustrait aux variations de notre pensée, on ne cesse cependant de lui donner des définitions différentes ; autrefois, c'était la raison, la nature, le goût, etc. ; hier, c'était la vie de l'auteur, les « lois du genre », l'histoire. Et voilà qu'aujourd'hui encore on nous en donne une définition différente. On nous dit que l'œuvre littéraire comporte des « évidences », qu'il est possible de dégager en s'appuyant sur « *les certitudes du langage, les implications de la cohérence psychologique, les impératifs de la structure du genre*[2] ».

Plusieurs modèles fantomatiques se mêlent ici. Le premier est d'ordre lexicographique : il faut lire Corneille, Racine, Molière, ayant à côté de soi le *Français classique* de Cayrou. Oui, sans doute ; qui l'a jamais contesté ? Mais le sens des mots connu, qu'allez-vous en faire ? Ce qu'on appelle (on voudrait que ce fût ironiquement) « les certitudes du langage » ne sont que les certitudes de la langue française, les certitudes du dictionnaire. L'ennui (ou le plaisir), c'est que l'idiome n'est

---

1. « Objectivité : terme de philosophie moderne. Qualité de ce qui est objectif ; existence des objets en dehors de nous » (Littré).
2. R. Picard, *op. cit.*, p. 69.

jamais que le matériau d'un autre langage, *qui ne contredit pas le premier*, et qui est, celui-là, plein d'incertitudes : à quel instrument de vérification, à quel dictionnaire allez-vous soumettre ce second langage, profond, vaste, symbolique, dont est faite l'œuvre, et qui est précisément le langage des sens multiples[1] ? De même pour la « cohérence psychologique ». Selon quelle clef allez-vous la lire ? Il y a plusieurs façons de nommer les comportements humains, et les ayant nommés, plusieurs façons d'en décrire la cohérence : les implications de la psychologique psychanalytique diffèrent de celles

---

1. Quoique je ne sois pas attaché à la défense particulière de *Sur Racine*, je ne puis laisser répéter, comme le dit Jacqueline Piatier dans *Le Monde* (23 oct. 1965), que j'ai fait des contresens sur la langue de Racine. Si, par exemple, j'ai fait état de ce qu'il y a de *respiration* dans le verbe *respirer* (R. Picard, *op. cit.*, p. 53), ce n'est pas que j'aie ignoré le sens d'époque *(se détendre)*, comme je l'ai d'ailleurs dit (*Sur Racine*, p. 57), c'est que le sens lexicographique n'était pas contradictoire avec le sens symbolique, qui est en l'occurrence et d'une façon fort malicieuse, le sens *premier*. Sur ce point, comme en bien d'autres, où le libellé de R. Picard, suivi sans contrôle par ses partisans, prend les choses au plus bas, je prierai Proust de répondre, rappelant ce qu'il écrivait à Paul Souday, qui l'avait accusé de faire des fautes de français : « Mon livre peut ne révéler aucun talent ; il présuppose du moins, il implique assez de culture pour qu'il n'y ait pas de vraisemblance morale à ce que je commette des fautes aussi grossières que celles que vous signalez » (*Choix de Lettres*, Plon, 1965, p. 196).

de la psychologie behavioriste, etc. Reste, suprême recours, la psychologie « courante », celle que tout le monde peut reconnaître, et qui donne par là un grand sentiment de sécurité ; le malheur veut que cette psychologie-là soit faite de tout ce qu'on nous a appris à l'école sur Racine, Corneille, etc., – ce qui revient à nous assurer d'un auteur par l'image acquise que nous en avons : belle tautologie ! Dire que les personnages (d'*Andromaque*) sont « *des individus forcenés que la violence de leur passion*, etc.[1] », c'est éviter l'absurde au prix de la platitude, sans se garantir forcément contre l'erreur. Quant à la « structure du genre », on voudrait en savoir plus : voilà cent ans que l'on discute autour du mot « structure » ; il y a plusieurs structuralismes : génétique, phénoménologique, etc. ; il y a aussi un structuralisme « scolaire », qui consiste à donner le « plan » d'une œuvre. De quel structuralisme s'agit-il ? Comment retrouver la structure, sans le secours d'un modèle méthodologique ? Passe encore pour la tragédie, dont le canon est connu grâce aux théoriciens classiques ; mais quelle sera donc la « structure » du roman, qu'il faudra opposer aux « extravagances » de la nouvelle critique ?

Ces évidences ne sont donc que des choix. Prise à la lettre, la première est dérisoire, ou, si l'on

1. R. Picard, *op. cit.*, p. 30.

préfère, hors de toute pertinence ; personne n'a jamais contesté et ne contestera jamais que le discours de l'œuvre a un sens littéral, dont la philologie, au besoin, nous informe ; la question est de savoir si on a le droit, ou non, de lire dans ce discours littéral, d'autres sens qui ne le contredisent pas ; ce n'est pas le dictionnaire qui répondra à cette question, mais une décision d'ensemble sur la nature symbolique du langage. Il en va de même pour les autres « évidences » : ce sont *déjà* des interprétations, car elles supposent le choix préalable d'un modèle psychologique ou structural ; ce code – car c'en est un – peut varier ; toute l'objectivité du critique tiendra donc, non au choix du code, mais à la rigueur avec laquelle il appliquera à l'œuvre le modèle qu'il aura choisi[1]. Ce n'est d'ailleurs pas rien ; mais comme la nouvelle critique n'a jamais rien dit d'autre, fondant l'objectivité de ses descriptions sur leur cohérence, ce n'était pas la peine de partir en guerre contre elle. Le vraisemblable critique choisit d'ordinaire le code de la lettre ; c'est un choix comme un autre. Voyons toutefois ce qu'il coûte.

On professe qu'il faut « *conserver aux mots leur signification*[2] », bref que le mot n'a qu'un sens : le bon. Cette règle entraîne abusivement une sus-

---

1. Sur cette nouvelle objectivité, cf. *infra*, p. 67 s.
2. R. Picard, *op. cit.*, p. 45.

Critique et Vérité

picion, ou, ce qui est pire, une banalisation générale de l'image : tantôt on l'interdit purement et simplement (il ne faut pas dire que Titus assassine Bérénice puisque Bérénice n'est pas morte assassinée [1]) ; tantôt on la ridiculise en feignant plus ou moins ironiquement de la prendre à la lettre (ce qui relie Néron solaire aux larmes de Junie est réduit à l'action du « *soleil qui assèche une mare* [2] » ou à « *un emprunt fait à l'astrologie* [3] ») ; tantôt on exige de ne reconnaître en elle qu'un cliché d'époque (il ne faut sentir aucune respiration dans *respirer*, puisque *respirer* veut dire au XVIIe siècle *se détendre*). On en vient ainsi à de singulières leçons de lecture : il faut lire les poètes sans *évoquer* : défense de laisser aucune vue s'élever hors de ces mots si simples et si concrets – quelle qu'en soit l'usure d'époque – que sont le port, le sérail, les larmes. À la limite, les mots n'ont plus de valeur référentielle, mais seulement une valeur marchande : ils servent à communiquer, comme dans la plus plate des transactions, non à suggérer. En somme, le langage ne propose qu'une certitude : celle de la banalité : c'est donc toujours elle que l'on choisit.

Autre victime de la lettre : le personnage, objet

1. *Ibid.*, p. 45.
2. *Ibid.*, p. 17.
3. *Revue parlementaire*, 15 nov. 1965.

Critique et Vérité

d'une créance à la fois excessive et dérisoire ; il n'a jamais le droit de s'abuser sur lui-même, sur ses sentiments : l'alibi est une catégorie inconnue du vraisemblable critique (Oreste et Titus ne peuvent se mentir à eux-mêmes), le fantasme également (Ériphile aime Achille sans jamais imaginer, sans doute, qu'elle en est possédée[1]). Cette clarté surprenante des êtres et de leurs rapports n'est pas réservée à la fiction ; pour le vraisemblable critique, c'est la vie elle-même qui est claire : une même banalité règle le rapport des hommes dans le livre et dans le monde. Il n'y a, dit-on, aucun intérêt à voir dans l'œuvre de Racine un théâtre de la Captivité, puisque c'est là une situation courante[2] ; de même, il est inutile d'insister sur le rapport de force que la tragédie racinienne met en scène, puisque, rappelle-t-on, le pouvoir constitue toute société[3]. C'est vraiment considérer avec beaucoup d'équanimité la présence de la force dans les rapports humains. Moins blasée, la littérature n'a cessé de commenter le caractère *intolérable* des situations banales, puisqu'elle est précisément la parole qui fait d'une relation courante une relation fondamentale et de celle-ci une relation scandaleuse. Ainsi le vraisemblable critique s'emploie-

---

1. R. Picard, *op. cit.*, p. 33.
2. *Ibid.*, p. 22.
3. *Ibid.*, p. 39.

t-il à tout rabaisser d'un cran : ce qui est banal dans la vie ne doit pas être réveillé ; ce qui ne l'est pas dans l'œuvre doit être au contraire banalisé : singulière esthétique, qui condamne la vie au silence et l'œuvre à l'insignifiance.

Le goût

Passant aux autres règles du vraisemblable critique, il faut descendre plus bas, aborder des censures dérisoires, entrer dans des contestations surannées, dialoguer, à travers nos anciens critiques d'aujourd'hui, avec les anciens critiques d'avant-hier, Nisard ou Népomucène Lemercier.

Comment désigner cet ensemble d'interdits qui relève indifféremment de la morale et de l'esthétique et dans lequel la critique classique investit toutes les valeurs qu'elle ne peut rapporter à la science ? Appelons ce système de prohibitions le « goût[1] ». De quoi le goût défend-il de parler ? des objets. Transporté dans un discours rationnel, l'objet est réputé trivial : c'est une incongruité, qui vient, non des objets eux-mêmes, mais du mélange de l'abstrait et du concret (il est toujours interdit de mélanger les genres) ; ce qui paraît ridicule, c'est qu'on puisse parler d'*épinards* à propos de

1. R. Picard, *op. cit.*, p. 32.

Critique et Vérité

littérature[1] : c'est la distance de l'objet au langage codé de la critique qui choque. On aboutit ainsi à un curieux chassé-croisé : cependant que les rares pages de l'ancienne critique sont entièrement abstraites[2] et que les œuvres de la nouvelle critique le sont au contraire fort peu, puisqu'elles traitent de substances et d'objets, c'est la dernière qui est, paraît-il, d'une abstraction inhumaine. En fait, ce que le vraisemblable appelle « concret » n'est, une fois de plus, que l'habituel. C'est l'habituel qui règle le goût du vraisemblable ; pour lui la critique ne doit être faite ni d'objets (ils sont trop prosaïques[3]), ni d'idées (elles sont trop abstraites), mais seulement de valeurs.

C'est ici que le *goût* est très utile : serviteur commun de la morale et de l'esthétique, il permet un tourniquet commode entre le Beau et le Bien, confondus discrètement sous l'espèce d'une simple mesure. Cependant cette mesure a toute la puissance de fuite d'un mirage : lorsque l'on reproche au critique de parler avec excès de sexualité, il faut entendre que parler de sexualité est toujours excessif : imaginer un instant que les héros classiques puissent être pourvus (ou non) d'un sexe, c'est faire

---

1. *Ibid.*, p. 110 et 135.
2. Voir les Préfaces de R. Picard aux tragédies de Racine, *Œuvres complètes*, Pléiade, tome I, 1956.
3. En fait, trop symboliques.

« *intervenir partout* » une sexualité « *obsédante, débridée, cynique*[1] ». Que la sexualité puisse avoir un rôle précis (et non panique) dans la configuration des personnages, c'est ce qui n'est pas examiné ; que, de plus, ce rôle puisse varier selon qu'on suit Freud ou Adler, par exemple, c'est ce qui n'entre pas un instant dans l'esprit de l'ancien critique : que sait-il de Freud, sinon ce qu'il a lu dans la collection *Que sais-je ?*

Le goût est en fait un interdit de parole. Si la psychanalyse est condamnée, ce n'est pas parce qu'elle pense, c'est parce qu'elle parle ; si l'on pouvait la renvoyer à une pure pratique médicale et immobiliser le malade (qu'on n'est pas) sur son divan, on s'en soucierait autant que de l'acupuncture. Mais voilà qu'elle étend son discours à l'être sacré par excellence (que l'on voudrait être), l'écrivain. Passe encore pour un moderne, mais un classique ! Racine, le plus clair des poètes, le plus pudique des passionnés[2] !

En fait, l'image que l'ancienne critique se fait de la psychanalyse est incroyablement démodée. Cette image repose sur un classement archaïque du corps humain. L'homme de l'ancienne critique est

---

1. R. Picard, *op. cit.*, p. 30.
2. « Peut-on sur Racine si clair bâtir un nouveau mode obscur de juger et de démonter le génie » (*Revue parlementaire*, 15 nov. 1965).

Critique et Vérité

en effet composé de deux régions anatomiques. La première est, si l'on peut dire, supérieure-externe : la tête, la création artistique, l'apparence noble, ce que l'on peut montrer, ce que l'on doit voir ; la seconde est inférieure-interne : le sexe (qu'il ne faut pas nommer), les instincts, les « *impulsions sommaires* », « *l'organique* », « *les automatismes anonymes* », « *le monde obscur des tensions anarchiques*[1] » ; ici l'homme primitif, immédiat, là l'auteur évolué, dominé. Or, dit-on avec indignation, la psychanalyse fait abusivement communiquer le haut et le bas, le dedans et le dehors ; bien plus, elle accorde, paraît-il, un privilège exclusif au « bas », caché, qui devient en nouvelle critique, assure-t-on, le principe « explicatif » du « haut » apparent. Ainsi s'expose-t-on à ne plus discerner les « *cailloux* » des « *diamants*[2] ». Comment redresser une image aussi puérile ? On voudrait expliquer une fois de plus à l'ancienne critique que la psychanalyse ne réduit pas son objet à « l'inconscient[3] » ; que par conséquent la critique

---

1. R. Picard, *op. cit.*, p. 135-136.
2. Puisque nous sommes dans les pierres, citons cette perle : « À vouloir toujours dénicher à tout prix une obsession d'un écrivain, on s'expose à aller la déterrer dans des "profondeurs" où l'on peut trouver de tout, où l'on s'expose à prendre un caillou pour un diamant » (*Midi libre*, 18 nov. 1965).
3. R. Picard, *op. cit.*, p. 122-123.

psychanalytique (discutable pour bien d'autres raisons, dont certaines, psychanalytiques) ne peut au moins être accusée de se faire de la littérature une « *conception dangereusement passiviste* [1] » puisqu'au contraire, pour elle, l'auteur est le sujet d'un *travail* (mot qui appartient à la langue psychanalytique, il ne faut pas l'oublier) ; que d'autre part, c'est une pétition de principe que d'attribuer une valeur supérieure à la « pensée consciente » et de postuler comme allant de soi le peu de prix « *de l'immédiat et de l'élémentaire* » ; et que d'ailleurs toutes ces oppositions esthético-morales entre un homme organique, impulsif, automatique, informe, brut, obscur, etc., et une littérature volontaire, lucide, noble, glorieuse à force de contraintes d'expression, sont proprement stupides, étant donné que l'homme psychanalytique n'est pas géométriquement divisible et que, selon l'idée de Jacques Lacan, sa topologie n'est pas celle du *dedans* et du *dehors* [2], encore moins du *haut* et du *bas*, mais plutôt d'un *avers* et d'un *revers* mouvants, dont le langage ne cesse précisément d'échanger les rôles et de tourner les surfaces autour de quelque chose qui, pour finir et pour commencer, n'est pas. Mais à quoi bon ? L'ignorance de l'ancienne critique à l'égard de la psychanalyse a l'épaisseur et la téna-

1. *Ibid.*, p. 142.
2. *Ibid.*, p. 128.

Critique et Vérité

cité d'un mythe (ce pour quoi elle finit par avoir quelque chose de fascinant) : ce n'est pas un refus, c'est une disposition, appelée à traverser imperturbablement les âges : « *Dirai-je l'assiduité de toute une littérature depuis cinquante ans, singulièrement en France, à clamer le primat de l'instinct, de l'inconscient, de l'intuition, de la volonté au sens allemand, c'est-à-dire par opposition à l'intelligence.* » Ceci n'a pas été écrit en 1965 par Raymond Picard, mais en 1927 par Julien Benda[1].

La Clarté

Voici maintenant la dernière censure du vraisemblable critique. Comme on peut s'y attendre, elle porte sur le langage lui-même. Certains langages sont interdits au critique sous le nom de « *jargons* ». Un langage unique lui est imposé : la « *clarté*[2] ».

Il y a beau temps que notre société française vit la « clarté », non comme une simple qualité de la communication verbale, comme un attribut mobile que l'on puisse appliquer à des langages variés, mais comme une parole séparée : il s'agit d'écrire

---

1. Cité laudativement par *Le Midi libre* (18 nov. 1965). Petite étude à faire sur la postérité actuelle de Julien Benda.
2. Je renonce à citer toutes les accusations de « jargon opaque » dont j'ai été l'objet.

un certain idiome sacré, apparenté à la langue française, comme on a écrit le hiéroglyphique, le sanskrit ou le latin médiéval[1]. L'idiome en question, dénommé « clarté française », est une langue originairement politique, née au moment où les classes supérieures ont souhaité – selon un processus idéologique bien connu – renverser la particularité de leur écriture en langage universel, faisant croire que la « logique » du français était une logique absolue : c'est ce qu'on appelait le génie de la langue : celui du français est de présenter d'abord le sujet, ensuite l'action, enfin le patient, conformément, disait-on, à un modèle « naturel ». Ce mythe a été scientifiquement démonté par la linguistique moderne[2] : le français n'est ni plus ni moins « logique » qu'une autre langue[3].

---

1. Tout cela a été dit, dans le style qu'il faut, par Raymond Queneau : « Cette algèbre du rationalisme nioutonien, cet esperanto qui facilita les tractations de Frédéric de Prusse et de Catherine de Russie, cet argot de diplomates, de jésuites et de géomètres euclidiens demeure censément le prototype, l'idéal et la mesure de tout langage français » (*Bâtons, chiffres et lettres*, Gallimard, « Idées », 1965, p. 50).
2. Voir Charles Bally, *Linguistique générale et linguistique française* (Berne, Francke, 4ᵉ éd., 1965).
3. Il ne faut pas confondre les prétentions du classicisme à voir dans la syntaxe du français la meilleure expression de la logique universelle et les vues profondes de Port-Royal sur les problèmes logiques du langage en général (reprises aujourd'hui par N. Chomsky).

Critique et Vérité

On connaît toutes les mutilations que les institutions classiques ont fait subir à notre langue. Le curieux, c'est que les Français s'enorgueillissent inlassablement d'avoir eu leur Racine (l'homme aux deux mille mots) et ne se plaignent jamais de n'avoir pas eu leur Shakespeare. Ils se battent encore aujourd'hui avec une passion ridicule pour leur « langue française » : chroniques oraculaires, fulminations contre les invasions étrangères, condamnations à mort de certains mots, réputés indésirables. Il faut sans cesse nettoyer, cureter, interdire, éliminer, préserver. En pastichant la manière toute médicale dont l'ancienne critique juge les langages qui ne lui plaisent pas (les qualifiant de « pathologiques »), on dira qu'il y a là une sorte de maladie nationale, que l'on appellera *ablutionnisme du langage*. On laissera à l'ethno-psychiatrie le soin d'en fixer le sens, tout en remarquant combien ce malthusianisme verbal a quelque chose de sinistre : « *Chez les Papous*, dit le géographe Baron, *le langage est très pauvre ; chaque tribu a sa langue et son vocabulaire s'appauvrit sans cesse parce qu'après chaque décès, on supprime quelques mots en signe de deuil*[1] ». Sur ce point, nous en remontrons aux Papous : nous embaumons respectueusement le langage des écri-

---

1. E. Baron, *Géographie* (Classe de Philosophie, Éd. de l'École, p. 83).

vains morts et refusons les mots, les sens nouveaux qui viennent au monde des idées : le signe de deuil frappe ici la naissance, non la mort.

Les interdits de langage font partie d'une petite guerre des castes intellectuelles. L'ancienne critique est une caste parmi d'autres, et la « clarté française » qu'elle recommande est un jargon comme un autre. C'est un idiome particulier, écrit par un groupe défini d'écrivains, de critiques, de chroniqueurs, et qui pastiche pour l'essentiel, non point même nos écrivains classiques, mais seulement le classicisme de nos écrivains. Ce jargon passéiste n'est nullement marqué par des exigences précises de raisonnement ou une absence ascétique d'images, comme peut l'être le langage formel de la logique (c'est ici seulement que l'on aurait le droit de parler de « clarté »), mais par une communauté de stéréotypes, parfois contournés et surchargés jusqu'au phébus [1], par le goût de certains ronds de phrase, et bien entendu par le refus de certains mots, éloignés avec horreur ou ironie comme des intrus, venus de mondes étrangers, donc suspects. On retrouve ici un parti conservateur qui consiste à ne rien changer à la séparation et à la distribution

---

1. Exemple : « La divine musique ! Elle fait tomber toutes les préventions, tous les agacements nés de quelque œuvre antérieure où Orphée était allé casser sa lyre, etc. » Ceci pour dire sans doute que les nouveaux *Mémoires* de Mauriac sont meilleurs que les anciens (J. Piatier, *Le Monde*, 6 nov. 1965).

Critique et Vérité

des lexiques : comme dans une ruée vers l'or du langage, il est concédé à chaque discipline (notion en fait purement facultative), un petit territoire de langage, un *placer* terminologique dont il est interdit de sortir (la philosophie a droit, par exemple, à son jargon). Le territoire alloué à la critique est cependant bizarre : particulier, puisque des mots étrangers ne peuvent y être introduits (comme si le critique avait des besoins conceptuels fort réduits), il est néanmoins promu à la dignité de langage universel. Cet universel, qui n'est que le *courant*, est truqué : constitué par une quantité énorme de tics et de refus, ce n'est qu'un particulier de plus : c'est un universel de propriétaires.

On peut exprimer ce narcissisme linguistique d'une autre façon : le « jargon », c'est le langage de l'autre ; l'autre (et non autrui), c'est ce qui n'est pas soi ; d'où le caractère éprouvant de son langage. Dès qu'un langage n'est plus celui de notre propre communauté, nous le jugeons inutile, vide, délirant[1], pratiqué non pour des raisons sérieuses, mais pour des raisons futiles ou basses (snobisme, suffisance) : ainsi le langage de la « néo-critique » apparaît-il à un « archéo-critique » aussi étrange

1. M. de Norpois, figure éponyme de l'ancienne critique, dit du langage de Bergotte : « Ce contre-sens d'aligner des mots bien sonores en ne se souciant qu'en-suite du fond » (M. Proust, *À la recherche du temps perdu*, Pléiade, I, 1954, p. 474).

que du yiddish (comparaison d'ailleurs suspecte [1]), à quoi l'on pourrait répondre que le yiddish, *lui aussi*, s'apprend [2]. « *Pourquoi ne pas dire les choses plus simplement ?* » Combien de fois n'avons-nous pas entendu cette phrase ? Mais combien de fois aussi ne serions-nous pas en droit de la renvoyer ? Sans parler du caractère sainement et joyeusement ésotérique de certains langages populaires [3], l'ancienne critique est-elle bien sûre de n'avoir pas elle aussi son galimatias ? Si j'étais moi-même ancien critique, n'aurais-je pas quelque raison de demander à mes confrères d'écrire : *M. Piroué écrit bien le français*, plutôt que : « *Il faut louer la plume de M. Piroué de nous piquer fréquemment par l'imprévu ou le bonheur de l'expression* », ou encore d'appeler modestement « indignation » « *tout ce mouvement du cœur qui chauffe la plume et la charge de pointes assassines* [4] ». Que penser de cette plume de l'écrivain, que l'on chauffe, qui tantôt pique agréablement et

---

1. R.-M. Albérès, *Arts*, 15 déc. 1965 (Enquête sur la critique). De ce yiddish est, paraît-il, exclue la langue des journaux et de l'Université. M. Albérès est journaliste et professeur.
2. À l'École nationale des langues orientales.
3. « Programme de travail pour les Tricolores : structurer le pack, travailler le talonnage, revoir le problème de la touche » (*L'Équipe*, 1ᵉʳ déc. 1965).
4. P.-H. Simon, *Le Monde*, 1ᵉʳ déc. 1965, et J. Piatier, *Le Monde*, 23 oct. 1965.

Critique et Vérité

tantôt assassine ? À la vérité, ce langage n'est clair que dans la mesure où il est admis.

En fait, le langage littéraire de l'ancienne critique nous est indifférent. Nous savons qu'elle ne peut écrire autrement, sauf à penser autrement. Car écrire, c'est *déjà* organiser le monde, c'est *déjà* penser (apprendre une langue, c'est apprendre comment l'on pense dans cette langue). Il est donc inutile (ce pourtant à quoi s'obstine le vraisemblable critique) de demander à l'autre de se ré-écrire, s'il n'est pas décidé à se re-penser. Vous ne voyez dans le jargon de la nouvelle critique qu'extravagances de forme plaquées sur des platitudes de fond : il est en effet possible de « réduire » un langage en supprimant le système qui le constitue, c'est-à-dire les liaisons qui font le sens des mots : on peut alors tout « traduire » en bon français de Chrysale : pourquoi ne pas réduire le « sur-moi » freudien à la « conscience morale » de la psychologie classique ? *Quoi ! Ce n'est que cela ?* Oui, si l'on supprime tout le reste. En littérature, le rewriting n'existe pas, parce que l'écrivain ne dispose pas d'un avant-langage dont il pourrait choisir l'expression parmi un certain nombre de codes homologués (ce qui ne veut pas dire qu'il n'ait inlassablement à la chercher). Il y a une clarté de l'écriture mais cette clarté a plus de rapports avec la *Nuit de l'encrier* dont parlait Mallarmé, qu'avec les pastiches modernes de Voltaire ou de Nisard.

Critique et Vérité

La clarté n'est pas un attribut de l'écriture, c'est l'écriture même, dès l'instant où elle est constituée comme écriture, c'est le bonheur de l'écriture, c'est tout ce désir qui est dans l'écriture. Certes, c'est un problème très grave pour un écrivain que celui des limites de son accueil ; du moins ces limites les choisit-il, et s'il lui arrive d'accepter qu'elles soient étroites, c'est précisément parce qu'écrire, ce n'est pas engager un rapport facile avec une *moyenne* de tous les lecteurs possibles, c'est engager un rapport difficile avec notre propre langage : un écrivain a plus d'obligation envers une parole qui est sa vérité qu'envers le critique de la *Nation française* ou du *Monde*. Le « jargon » n'est pas un instrument de paraître, comme on le suggère avec une malveillance inutile[1] ; le « jargon » est une imagination (il choque d'ailleurs comme elle), l'approche du langage métaphorique dont le discours intellectuel aura un jour besoin.

Je défends ici le droit au langage, non mon propre « jargon ». Comment pourrais-je d'ailleurs en parler ? Il y a un profond malaise (un malaise d'identité) à imaginer que l'on puisse être propriétaire d'une certaine parole, et qu'il soit nécessaire de la défendre comme un bien dans ses caractères d'être. Suis-je donc *avant* mon langage ? Qui serait ce *je*, propriétaire de ce qui précisément le fait

---

1. R. Picard, *op. cit.*, p. 52.

être ? Comment puis-je vivre mon langage comme un simple attribut de ma personne ? Comment croire que si je parle, c'est parce que je suis ? Hors la littérature, il est peut-être possible d'entretenir ces illusions ; mais la littérature est précisément ce qui ne le permet pas. L'interdit que vous jetez sur les autres langages, n'est qu'une façon de vous exclure vous-mêmes de la littérature : on ne peut plus, on ne devrait plus pouvoir, comme au temps de Saint-Marc Girardin [1], faire la police d'un art et prétendre en parler.

L'asymbolie

Tel est le vraisemblable critique en 1965 : il faut parler d'un livre avec *« objectivité »*, *« goût »* et *« clarté »*. Ces règles ne sont pas de notre temps : les deux dernières viennent du siècle classique, la première du siècle positiviste. Il se constitue ainsi un corps de normes diffuses, mi-esthétiques (venues du Beau classique), mi-raisonnables (venues du « bon sens ») : on établit une sorte de tourniquet rassurant entre l'art et la science, qui dispense d'être jamais tout à fait dans l'un ou dans l'autre.

---

1. Mettant en garde la jeunesse contre *« les illusions et la confusion morales »* que répandent les *« livres du siècle »*.

Critique et Vérité

Cette ambiguïté s'exprime dans une dernière proposition qui semble détenir la grande pensée testamentaire de l'ancienne critique, tant elle est reprise dévotement, à savoir qu'il faut respecter la « *spécificité* » de la littérature [1]. Montée comme une petite machine de guerre contre la nouvelle critique, que l'on accuse d'être indifférente « *dans la littérature, à ce qui est littéraire* » et de détruire « *la littérature comme réalité originale* [2] », sans cesse répétée mais jamais expliquée, cette proposition a évidemment la vertu inattaquable d'une tautologie : *la littérature, c'est la littérature* ; on peut ainsi, d'un même coup, s'indigner de l'ingratitude de la nouvelle critique, insensible à ce que la littérature, par un décret du vraisemblable, comporte d'Art, d'Émotion, de Beauté, d'Humanité [3], et feindre d'appeler la critique à une science renouvelée, qui prendrait enfin l'objet littéraire « en soi », sans plus rien devoir à d'autres sciences, historiques ou anthropologiques ; ce « renouvellement » est d'ailleurs assez ranci : c'est à peu près dans les mêmes termes que Brunetière reprochait à Taine d'avoir trop négligé l'« essence littéraire », c'est-à-dire « les lois propres du genre ».

1. R. Picard, *op. cit.*, p. 117.
2. *Ibid.*, p. 104 et p. 122.
3. « ... L'abstrait de cette nouvelle critique, inhumaine et anti-littéraire » (*Revue parlementaire*, 15 nov. 1965).

Critique et Vérité

Tenter d'établir la structure des œuvres littéraires est une entreprise importante, et certains chercheurs s'en préoccupent, selon des méthodes, il est vrai, dont l'ancienne critique ne dit mot, ce qui est normal, puisqu'elle prétend observer les structures sans cependant faire de « structuralisme » (mot qui agace et dont il faut « nettoyer » la langue française). Certes, la lecture de l'œuvre doit se faire au niveau de l'œuvre ; mais d'une part, on ne voit pas comment, les formes une fois posées, l'on pourrait éviter de rencontrer des contenus, qui viennent de l'histoire ou de la *psyché*, bref de ces « *ailleurs* » dont l'ancienne critique ne veut à aucun prix ; et d'autre part, l'analyse structurale des œuvres coûte beaucoup plus cher qu'on ne l'imagine, car, sauf à bavarder aimablement autour du plan de l'œuvre, elle ne peut se faire qu'en fonction de modèles logiques : en fait, la spécificité de la littérature ne peut être postulée qu'à l'intérieur d'une théorie générale des signes : pour avoir le droit de défendre une lecture immanente de l'œuvre, il faut savoir ce qu'est la logique, l'histoire, la psychanalyse ; bref, pour rendre l'œuvre à la littérature, il faut précisément en sortir et faire appel à une culture anthropologique. On doutera que l'ancienne critique y soit préparée. Pour elle, semble-t-il, c'est une spécificité purement esthétique qu'il s'agit de défendre : elle veut protéger dans l'œuvre une valeur absolue, intouchée par aucun de ces « *ailleurs* » indignes, que sont l'histoire ou les bas-fonds de la *psyché* : ce qu'elle veut ce n'est pas une œuvre constituée, c'est une œuvre *pure*, à laquelle on évite toute compromission avec le monde, toute mésalliance avec le désir. Le modèle de ce structuralisme pudique est tout simplement moral.

« *Au sujet des dieux*, recommandait Démétrios de Phalère, *dis qu'ils sont des dieux.* » L'impératif final du vraisemblable critique est de même sorte : *au sujet de la littérature, dites qu'elle est de la littérature*. Cette tautologie n'est pas gratuite : on feint d'abord de croire qu'il est possible de parler de la littérature, d'en faire l'*objet* d'une parole ; mais cette parole tourne court, puisqu'il n'y a rien à dire de cet objet, sinon qu'il est lui-même. Le vraisemblable critique aboutit en effet au silence ou à son substitut, le bavardage : une aimable *causerie*, disait déjà, en 1921, Roman Jakobson, de l'histoire de la littérature. Paralysé par les prohibitions dont il assortit le « respect » de l'œuvre (qui n'est pour lui que la perception exclusive de la lettre), le vraisemblable critique peut à peine parler : le mince filet de parole que lui laissent toutes ses censures ne lui permet que d'affirmer le droit des institutions sur les écrivains morts. Quant à doubler cette œuvre d'une autre parole, il s'en est ôté les moyens, parce qu'il n'en assume pas les risques.

Critique et Vérité

Après tout, le silence est une manière de prendre congé. Marquons donc, en guise d'adieu, l'échec de cette critique. Puisque son objet est la littérature, elle eût pu chercher à établir les conditions auxquelles une œuvre est possible, esquisser sinon une science, du moins une technique de l'opération littéraire ; mais c'est aux écrivains eux-mêmes qu'elle a laissé le soin – et le souci – de mener cette enquête (et heureusement ils ne s'en sont pas privés, de Mallarmé à Blanchot) : ils n'ont cessé, eux, de reconnaître que le langage est la matière même de la littérature, avançant ainsi, à leur manière, vers la vérité *objective* de leur art. Du moins aurait-on pu accepter de libérer la critique – qui n'est pas la science et n'y prétend pas – de façon qu'elle nous dise le sens que des hommes modernes peuvent donner à des œuvres passées. Croit-on que Racine nous concerne « de soi », dans la lettre du texte ? Sérieusement, que peut nous faire un théâtre *« violent mais pudique »* ? Qu'est-ce que cela peut vouloir dire aujourd'hui qu'un *« prince fier et généreux* [1] *»* ? Quel singulier langage ! On nous parle d'un héros *« viril »* (sans cependant permettre aucune allusion à son sexe) ; transportée dans quelque parodie, une telle expression ferait rire ; c'est d'ailleurs ce qui arrive, lorsque nous la lisons dans la « Lettre de Sophocle à

1. R. Picard, *op. cit.*, p. 34 et p. 32.

Critique et Vérité

Racine », que Gisèle, l'amie d'Albertine, a rédigée pour son certificat d'études *(« les caractères sont virils*[1] *»)*. Au reste, que faisaient donc Gisèle et Andrée, sinon de l'ancienne critique, lorsqu'à propos du même Racine, elles parlaient du « genre tragique », de « l'intrigue » (nous retrouvons ici les « *lois du genre* »), des « caractères bien charpentés » (voilà « *la cohérence des implications psychologiques* »), notant qu'*Athalie* n'est pas une « tragédie amoureuse » (de la même façon, on nous rappelle qu'*Andromaque* n'est pas un drame patriotique), etc.[2] ? Le vocabulaire critique au nom de quoi on nous reprend est celui d'une jeune fille qui préparait son certificat d'études il y a trois quarts de siècle. Depuis, cependant, il y a eu Marx, Freud, Nietszche. Ailleurs, Lucien Febvre, Merleau-Ponty ont réclamé le droit de *refaire* sans cesse l'histoire de l'histoire, l'histoire de la philosophie, de façon que l'objet passé soit toujours un objet total. Pourquoi une voix analogue ne s'élève-t-elle pas pour assurer à la littérature le même droit ?

1. M. Proust, *À la recherche du temps perdu* (Pléiade, I, 1954, p. 912).
2. R. Picard, *op. cit.*, p. 30. Je n'ai, bien évidemment, jamais fait d'*Andromaque* un drame patriotique ; ces distinctions de genre n'étaient pas mon propos – ce que l'on m'a précisément reproché. J'ai parlé de la figure du Père dans *Andromaque*, c'est tout.

Critique et Vérité

Ce silence, cet échec, on peut, sinon l'expliquer, du moins le dire d'une autre façon. L'ancien critique est victime d'une disposition que les analystes du langage connaissent bien et qu'ils appellent l'*asymbolie*[1] : il lui est impossible de percevoir ou de manier des symboles, c'est-à-dire des coexistences de sens ; chez lui, la fonction symbolique très générale qui permet aux hommes de construire des idées, des images et des œuvres, dès lors que l'on dépasse les usages étroitement rationnels du langage, cette fonction est troublée, limitée, ou censurée.

Certes, il est possible de parler d'une œuvre littéraire en dehors de toute référence au symbole. Cela dépend du point de vue que l'on choisit et qu'il suffit d'annoncer. Sans parler de l'immense domaine des institutions littéraires, qui relève de l'histoire[2], et pour en rester à l'œuvre singulière, il est certain que si j'ai à traiter *Andromaque* du point de vue des recettes de la représentation ou des manuscrits de Proust du point de vue de la matérialité de leurs ratures, il m'est peu nécessaire de croire ou de ne pas croire à la nature symbolique des œuvres littéraires : un aphasique peut très bien

---

1. H. Hécaen et R. Angelergues, *Pathologie du langage* (Larousse, 1965, p. 32).
2. Cf. *Sur Racine*, « Histoire ou Littérature ? (Seuil, 1963 [*OC*, t. I, p. 1089 s.]).

tresser des paniers ou faire de la menuiserie. Mais dès le moment où l'on prétend traiter l'œuvre en elle-même, selon le point de vue de sa constitution, il devient impossible de ne pas poser dans leur plus grande dimension les exigences d'une lecture symbolique.

C'est ce qu'a fait la nouvelle critique. Tout le monde sait qu'elle a travaillé ouvertement, jusqu'ici, en partant de la nature symbolique des œuvres et de ce que Bachelard appelait les défections de l'image. Pourtant, dans la querelle qu'on vient de lui chercher, personne n'a paru songer un seul instant qu'il pût s'agir de symboles, et qu'en conséquence, ce dont il fallait discuter fût les libertés et les limites d'une critique explicitement symbolique : on a affirmé les droits totalitaires de la lettre, sans jamais laisser entendre que le symbole pût avoir aussi les siens, qui ne sont peut-être pas les quelques libertés résiduelles que la lettre veut bien lui laisser. La lettre exclut-elle le symbole ou bien au contraire le permet-elle ? L'œuvre signifie-t-elle littéralement ou bien symboliquement – ou encore, selon le mot de Rimbaud, « *littéralement et dans tous les sens*[1] » ? Tel pouvait être l'enjeu du débat. Les analyses de *Sur Racine* se

---

[1]. Rimbaud à sa mère, qui ne comprenait pas *Une saison en enfer* : « J'ai voulu dire ce que ça dit, littéralement et dans tous les sens » (*Œuvres complètes*, Pléiade, p. 656).

rattachent toutes à une certaine logique symbolique, comme il avait été déclaré dans la préface du livre. Il fallait ou bien contester dans son ensemble l'existence ou la possibilité de cette logique (ce qui aurait eu l'avantage, comme on dit, d'» *élever le débat* »), ou bien montrer que l'auteur de *Sur Racine* en avait mal appliqué les règles – ce qu'il aurait volontiers reconnu, surtout deux ans après avoir publié son livre et six ans après l'avoir écrit. C'est une singulière leçon de lecture, que de contester tous les détails d'un livre, sans donner à penser un seul instant qu'on en a aperçu le projet d'ensemble, c'est-à-dire, tout simplement : le sens. L'ancienne critique rappelle ces « archaïques », dont parle Ombredane, et qui, mis pour la première fois devant un film, ne voient de toute la scène que le poulet qui traverse la place du village. Il n'est pas raisonnable de faire de la lettre un empire absolu et de contester ensuite, sans prévenir, chaque symbole au nom d'un principe qui n'est pas fait pour lui. Reprocheriez-vous à un Chinois (puisque la nouvelle critique vous paraît une langue étrange) de faire des fautes de français, *lorsqu'il parle chinois* ?

Mais pourquoi, après tout, cette surdité aux symboles, cette *asymbolie* ? Qu'est-ce donc qui menace, dans le symbole ? Fondement du livre, pourquoi le sens multiple met-il en danger la parole autour du livre ? Et pourquoi, encore une fois, aujourd'hui ?

II

Rien n'est plus essentiel à une société que le *classement* de ses langages. Changer ce classement, déplacer la parole, c'est faire une révolution. Pendant deux siècles, le classicisme français s'est défini par la séparation, la hiérarchie et la stabilité de ses écritures, et la révolution romantique s'est donnée elle-même pour un trouble de classement. Or, depuis près de cent ans, depuis Mallarmé sans doute, un remaniement important des lieux de notre littérature est en cours : ce qui s'échange, se pénètre et s'unifie, c'est la double fonction, poétique et critique, de l'écriture [1] ; non seulement les écrivains font eux-mêmes de la critique, mais leur œuvre, souvent, énonce les conditions de sa naissance (Proust) ou même de son absence (Blanchot) ; un même langage tend à circuler partout

---

1. Cf. Gérard Genette, « Rhétorique et Enseignement au XXe siècle », *Annales*, 1966 [repris in *Figures II*, Seuil, 1969].

dans la littérature, et jusque derrière lui-même ; le livre est ainsi pris à revers par celui qui le fait ; il n'y a plus ni poètes ni romanciers : il n'y a plus qu'une écriture [1].

La crise du Commentaire

Or voici que, par un mouvement complémentaire, le critique devient à son tour écrivain. Bien entendu, se vouloir écrivain n'est pas une prétention de statut, mais une intention d'être. Que nous importe s'il est plus glorieux d'être romancier, poète, essayiste ou chroniqueur ? L'écrivain ne peut se définir en termes de rôle ou de valeur, mais seulement par une certaine *conscience de parole*. Est écrivain celui pour qui le langage fait problème, qui en éprouve la profondeur, non l'instrumentalité ou la beauté. Des livres critiques sont donc nés, s'offrant à la lecture selon les mêmes voies que l'œuvre proprement littéraire, bien que leurs auteurs ne soient, par statut, que des critiques, et non des écrivains. Si la critique nouvelle a quelque réalité, elle est là : non dans l'unité de ses métho-

---

[1]. « La poésie, les romans, les nouvelles sont de singulières antiquités qui ne trompent plus personne, ou presque. Des poèmes, des récits, pour quoi faire ? Il ne reste plus que l'écriture » J.-M.-G. Le Clézio (avant-propos à *La Fièvre*).

Critique et Vérité

des, encore moins dans le snobisme qui, dit-on commodément, la soutient, mais dans la solitude de l'acte critique, affirmé désormais, loin des alibis de la science ou des institutions, comme un acte de pleine écriture. Autrefois séparés par le mythe usé du « *superbe créateur et de l'humble serviteur, tous deux nécessaires, chacun à leur place*, etc. », l'écrivain et le critique se rejoignent dans la même condition difficile, face au même objet : le langage.

Cette dernière transgression, on l'a vu, est mal tolérée. Et pourtant, quoiqu'il faille encore batailler pour elle, elle est peut-être déjà dépassée par un nouveau remaniement qui vient à l'horizon : ce n'est plus seulement la critique qui commence cette « traversée de l'écriture [1] », dont notre siècle sera peut-être marqué, c'est le discours intellectuel tout entier. Il y a quatre siècles, déjà, le fondateur de l'ordre qui a le plus fait pour la rhétorique, Ignace de Loyola, laissait dans ses *Exercices spirituels* le modèle d'un discours dramatisé, exposé à une autre force que celle du syllogisme ou de l'abstraction, comme la perspicacité de Georges Bataille n'a pas manqué de le relever [2]. Depuis, à

---

1. Philippe Sollers, « Dante et la traversée de l'écriture », *Tel Quel*, n° 23, automne 1965 [repris in *L'Écriture et l'expérience des limites*, Points Seuil, 1971].

2. « ... À ce point, nous voyons le sens second du mot dramatiser : c'est la volonté, s'ajoutant au discours, de ne pas s'en tenir à l'énoncé, d'obliger à sentir le glacé du vent,

travers des écrivains comme Sade ou Nietzsche, les règles de l'exposé intellectuel sont périodiquement « brûlées » (aux deux sens du terme). C'est cela, semble-t-il, qui est ouvertement en cause, aujourd'hui. L'intellect accède à une autre logique, il aborde la région nue de « l'expérience intérieure » : une même et seule vérité se cherche, commune à toute parole, qu'elle soit fictive, poétique ou discursive, parce qu'elle est désormais la vérité de la parole même. Lorsque Jacques Lacan parle [1], il substitue à l'abstraction traditionnelle des concepts une expansion totale de l'image dans le champ de la parole, de façon qu'elle ne sépare plus l'exemple de l'idée, et soit elle-même la vérité. À un autre bord, rompant avec la notion ordinaire de « développement », *Le Cru et le cuit*, de Claude Lévi-Strauss, propose une rhétorique nouvelle de la *variation* et engage ainsi à une responsabilité de la forme qu'on est peu habitué à trouver dans les ouvrages de sciences humaines. Une transformation de la parole discursive est sans doute en cours, celle-là même qui rapproche le critique de l'écrivain : nous entrons dans une *crise générale du Commentaire*, aussi importante, peut-être, que

---

à être nu... À ce sujet, c'est une erreur classique d'assigner les Exercices de saint Ignace à la méthode discursive... » (*L'Expérience intérieure*, Gallimard, 1954, p. 26).
1. À son séminaire de l'École pratique des hautes études.

celle qui a marqué, relativement au même problème, le passage du Moyen Âge à la Renaissance.

Cette crise est en effet inévitable à partir du moment où l'on découvre – ou redécouvre – la nature symbolique du langage, ou, si l'on préfère, la nature linguistique du symbole. C'est ce qui se passe aujourd'hui, sous l'action conjuguée de la psychanalyse et du structuralisme. Pendant longtemps, la société classico-bourgeoise a vu dans la parole un instrument ou une décoration ; nous y voyons maintenant un signe et une vérité. Tout ce qui est touché par le langage est donc d'une certaine façon remis en cause : la philosophie, les sciences humaines, la littérature.

Voilà sans doute le débat dans lequel il faut aujourd'hui replacer la critique littéraire, l'enjeu dont elle est en partie l'objet. Quels sont les rapports de l'œuvre et du langage ? Si l'œuvre est symbolique, à quelles règles de lecture est-on tenu ? Peut-il y avoir une science des symboles écrits ? Le langage du critique peut-il être lui-même symbolique ?

La Langue plurielle

Comme genre, le Journal intime a été traité de deux façons bien différentes par le sociologue

Alain Girard et l'écrivain Maurice Blanchot [1]. Pour l'un, le Journal est l'expression d'un certain nombre de circonstances sociales, familiales, professionnelles, etc. ; pour l'autre, c'est une façon angoissée de retarder la solitude fatale de l'écriture. Le Journal possède donc au moins deux sens, dont chacun est plausible parce qu'il est cohérent. C'est là un fait banal, dont on peut trouver mille exemples dans l'histoire de la critique et dans la variété des lectures que peut inspirer une même œuvre : ce sont au moins les faits qui attestent que l'œuvre a plusieurs sens. Chaque époque peut croire, en effet, qu'elle détient le sens canonique de l'œuvre, mais il suffit d'élargir un peu l'histoire pour transformer ce sens singulier en sens pluriel et l'œuvre fermée en œuvre ouverte [2]. La définition même de l'œuvre change : elle n'est plus un fait historique, elle devient un fait anthropologique, puisque aucune histoire ne l'épuise. La variété des sens ne relève donc pas d'une vue relativiste sur les mœurs humaines ; elle désigne, non un penchant de la société à l'erreur, mais une disposition de l'œuvre à l'ouverture ; l'œuvre détient en même temps plusieurs sens, par structure, non par infirmité de ceux qui la lisent. C'est en cela qu'elle est symbolique :

---

1. Alain Girard, *Le Journal intime* (PUF, 1963). – Maurice Blanchot, *L'Espace littéraire* (Gallimard, 1955, p. 20).
2. Voir *L'Œuvre ouverte*, de Umberto Eco (Seuil, 1965).

Critique et Vérité

le symbole, ce n'est pas l'image, c'est la pluralité même des sens[1].

Le symbole est constant. Seuls peuvent varier la conscience que la société en a et les droits qu'elle lui accorde. La liberté symbolique a été reconnue et en quelque sorte codée, au Moyen Âge, comme on le voit dans la théorie des quatre sens[2] ; en revanche, la société classique s'en est généralement fort mal accommodée : elle l'a ignorée, ou, comme dans ses survivances actuelles, censurée : c'est une histoire souvent violente que celle de la

---

1. Je n'ignore pas que le mot *symbole* a un tout autre sens en sémiologie, où les systèmes symboliques sont au contraire ceux dans lesquels « une seule forme peut être posée, à chaque unité de l'expression correspondant biunivoquement une unité du contenu », face aux systèmes sémiotiques (langage, rêve) où il est nécessaire de « postuler deux formes différentes, l'une pour l'expression, l'autre pour le contenu, sans conformité entre elles » (N. Ruwet, « La Linguistique générale aujourd'hui », *Arch. europ. de sociologie*, V, 1964, p. 287). – Il est évident que selon cette définition, les symboles de l'œuvre appartiennent à une sémiotique et non à une symbolique. Je garde cependant ici, provisoirement, le mot *symbole*, au sens général que lui donne P. Ricœur, et qui suffit aux propos qui suivent (« Il y a symbole lorsque le langage produit des signes de degré composé où le sens, non content de désigner quelque chose, désigne un autre sens qui ne saurait être atteint que dans et par sa visée », *De l'interprétation, essai sur Freud*, Seuil, 1965, p. 25).

2. Sens littéral, allégorique, moral et anagogique. Il subsiste évidemment une traversée orientée des sens vers le sens **anagogique**.

liberté des symboles, et naturellement ceci a également son sens : on ne censure pas impunément les symboles. Quoi qu'il en soit, c'est là un problème institutionnel, et non pas, si l'on peut dire, structural : quoi que les sociétés pensent ou décrètent, l'œuvre les dépasse, les traverse, à la façon d'une forme que des sens plus ou moins contingents, historiques, viennent remplir tour à tour : une œuvre est « éternelle », non parce qu'elle impose un sens unique à des hommes différents, mais parce qu'elle suggère des sens différents à un homme unique, qui parle toujours la même langue symbolique à travers des temps multiples : l'œuvre propose, l'homme dispose.

Tout lecteur sait cela, s'il veut bien ne pas se laisser intimider par les censures de la lettre : ne sent-il pas qu'il reprend contact avec un certain *au-delà* du texte, comme si le langage premier de l'œuvre développait en lui d'autres mots et lui apprenait à parler une seconde langue ? C'est ce qu'on appelle *rêver*. Mais le rêve a ses avenues, selon le mot de Bachelard, et ce sont ces avenues qui sont tracées devant le mot par la seconde langue de l'œuvre. La littérature est exploration du nom : Proust a sorti tout un monde de ces quelques sons : *Guermantes*. Au fond, l'écrivain a toujours en lui la croyance que les signes ne sont pas arbitraires et que le nom est une propriété naturelle de la chose : les écrivains sont du côté de Cratyle, non d'Hermogène. Or, *nous devons lire comme on écrit* : c'est alors que nous « glorifions » la littérature (« glorifier », c'est « manifester dans son essence ») ; car si les mots n'avaient qu'un sens, celui du dictionnaire, si une seconde langue ne venait troubler et libérer « les certitudes du langage », il n'y aurait pas de littérature[1]. C'est pourquoi les règles de la lecture ne sont pas celles de la lettre, mais celles de l'allusion : ce sont des règles linguistiques, non des règles philologiques[2].

La philologie a en effet pour tâche de fixer le sens littéral d'un énoncé, mais elle n'a aucune prise sur les sens seconds. Au contraire, la linguistique travaille, non à réduire les ambiguïtés du langage, mais à les comprendre, et, si l'on peut dire, à les

1. Mallarmé : « Si je vous suis, écrit-il à Francis Vielé-Griffin, vous appuyez le privilège créateur du poète à l'imperfection de l'instrument dont il doit jouer ; une langue hypothétiquement adéquate à traduire sa pensée supprimerait le littérateur, qui s'appellerait, du fait, monsieur Tout le Monde » (Cité par J.-P. Richard, *L'Univers imaginaire de Mallarmé*, Seuil, 1961, p. 576).
2. On a récemment et à plusieurs reprises reproché à la nouvelle critique de contrarier la tâche de l'éducateur, qui est essentiellement, paraît-il, d'*apprendre à lire*. L'ancienne rhétorique avait, elle, pour ambition, d'*apprendre à écrire* : elle donnait des règles de création (d'imitation), non de réception. On peut en effet se demander si ce n'est pas amoindrir la lecture que d'en isoler ainsi les règles. Bien lire, c'est virtuellement bien écrire, à savoir écrire selon le symbole.

instituer. Ce que les poètes connaissent depuis longtemps sous le nom de *suggestion* ou d'*évocation*, le linguiste commence à l'approcher, donnant ainsi aux flottements du sens un statut scientifique. R. Jakobson a insisté sur l'ambiguïté constitutive du message poétique (littéraire) ; cela veut dire que cette ambiguïté ne relève pas d'une vue esthétique sur les « libertés » de l'interprétation, encore moins d'une censure morale sur ses risques, mais qu'on peut la formuler en termes de code : la langue symbolique à laquelle appartiennent les œuvres littéraires est *par structure* une langue plurielle, dont le code est fait de telle sorte que toute parole (toute œuvre), par lui engendrée, a des sens multiples. Cette disposition existe déjà dans la langue proprement dite, qui comporte beaucoup plus d'incertitudes qu'on veut bien le dire –ce dont le linguiste commence à s'occuper [1]. Cependant, les ambiguïtés du langage pratique ne sont rien à côté de celles du langage littéraire. Les premières sont en effet réductibles par la *situation* dans laquelle elles apparaissent : quelque chose hors de la phrase la plus ambiguë, un contexte, un geste, un souvenir, nous dit comment il faut la comprendre, si nous voulons utiliser *pratiquement* l'information qu'elle

---

1. Cf. A.-J. Greimas, *Cours de sémantique*, notamment le chapitre VI sur l'Isotopie du discours (Cours ronéotypé à l'École normale supérieure de Saint-Cloud, 1964).

est chargée de nous transmettre : c'est la contingence qui fait un sens clair.

Rien de tel avec l'œuvre : l'œuvre est pour nous sans contingence, et c'est même peut-être ce qui la définit le mieux : l'œuvre n'est entourée, désignée, protégée, dirigée par aucune situation, aucune vie pratique n'est là pour nous dire le sens qu'il faut lui donner ; elle a toujours quelque chose de citationnel : en elle l'ambiguïté est toute pure : si prolixe soit-elle, elle possède quelque chose de la concision pythique, paroles conformes à un premier code (la Pythie ne divaguait pas) et cependant ouverte à plusieurs sens, car elles étaient prononcées hors de toute *situation* – sinon la situation même de l'ambiguïté : l'œuvre est toujours en situation prophétique. Certes, en ajoutant *ma* situation à la lecture que je fais d'une œuvre, je puis réduire son ambiguïté (et c'est ce qui se passe ordinairement) ; mais cette situation, changeante, *compose* l'œuvre, elle ne la retrouve pas : l'œuvre ne peut pas protester contre le sens que je lui donne, du moment que je me soumets moi-même aux contraintes du code symbolique qui la fonde, c'est-à-dire du moment que j'accepte d'inscrire ma lecture dans l'espace des symboles ; mais elle ne peut non plus authentifier ce sens, car le code second de l'œuvre est limitatif, il n'est pas prescriptif : il trace des volumes de sens, non des lignes ; il fonde des ambiguïtés, non un sens.

Critique et Vérité

Retirée de toute *situation*, l'œuvre se donne par là même à explorer : devant celui qui l'écrit ou la lit, elle devient une question posée au langage, dont on éprouve les fondements, dont on touche les limites. L'œuvre se fait ainsi dépositaire d'une immense, d'une incessante enquête sur les mots [1]. On veut toujours que le symbole ne soit qu'une propriété de l'imagination. Le symbole a aussi une fonction critique, et l'objet de sa critique, c'est le langage lui-même. Aux *Critiques de la raison* que la philosophie nous a données, on peut imaginer d'ajouter une *Critique du langage*, et c'est la littérature elle-même.

Or, s'il est vrai que l'œuvre détient par structure un sens multiple, elle doit donner lieu à deux discours différents : car on peut, d'une part, viser en elle tous les sens qu'elle couvre, ou, ce qui est la même chose, le sens vide qui les supporte tous ; et l'on peut, d'autre part, viser un seul de ces sens. Ces deux discours ne doivent être en aucun cas confondus, car ils n'ont ni le même objet ni les mêmes sanctions. On peut proposer d'appeler *science de la littérature* (ou de l'écriture) ce discours général dont l'objet est, non pas tel sens, mais la pluralité même des sens de l'œuvre, et

---

1. Enquête de l'écrivain sur le langage : ce thème a été dégagé et traité par Marthe Robert à propos de Kafka (notamment dans *Kafka*, Gallimard, « Bibliothèque idéale », 1960).

critique littéraire, cet autre discours qui assume ouvertement, à ses risques, l'intention de donner un sens particulier à l'œuvre. Cette distinction n'est pourtant pas suffisante. Comme la donation de sens peut être écrite ou silencieuse, on séparera la *lecture* de l'œuvre, de sa *critique* : la première est immédiate ; la seconde est médiatisée par un langage intermédiaire, qui est l'écriture du critique. *Science*, *Critique*, *Lecture*, telles sont les trois paroles qu'il nous faut parcourir pour tresser autour de l'œuvre sa couronne de langage.

La Science de la littérature

Nous possédons une histoire de la littérature, mais non une science de la littérature, parce que, sans doute, nous n'avons pu encore reconnaître pleinement la nature de l'*objet* littéraire, qui est un objet écrit. À partir du moment où l'on veut bien admettre que l'œuvre est faite avec de l'écriture (et en tirer les conséquences), une *certaine* science de la littérature est possible. Son objet, (si elle existe un jour) ne pourra être d'imposer à l'œuvre un sens, au nom duquel elle se donnerait le droit de rejeter les autres sens : elle s'y compromettrait (comme elle l'a fait jusqu'à présent). Ce ne pourra être une science des contenus (sur lesquels seule la science historique la plus stricte peut avoir prise), mais une science des *conditions* du contenu, c'est-à-dire des formes : ce qui l'intéressera, ce seront les variations de sens engendrées, et, si l'on peut dire, *engendrables*, par les œuvres : elle n'interprétera pas les symboles, mais seulement leur polyvalence ; en un mot, son objet ne sera plus les sens pleins de l'œuvre, mais au contraire le sens vide qui les supporte tous.

Son modèle sera évidemment linguistique. Placé devant l'impos-sibilité de maîtriser toutes les phrases d'une langue, le linguiste accepte d'établir un *modèle hypothétique de description*, à partir duquel il puisse expliquer comment sont engendrées les phrases infinies d'une langue[1]. Quelles que soient les corrections auxquelles on soit amené, il n'y a aucune raison pour ne pas tenter d'appliquer une telle méthode aux œuvres de la littérature : ces œuvres sont elles-mêmes semblables à d'immenses « phrases », dérivées de la langue générale des symboles, à travers un certain nombre de transformations réglées, ou, d'une façon plus générale, à travers une certaine logique signifiante qu'il s'agit de décrire. Autrement dit, la linguistique peut donner à la littérature ce modèle génératif qui est le principe de toute science, puisqu'il s'agit toujours de disposer de certaines règles pour expliquer cer-

---

1. Je pense ici, évidemment, aux travaux de N. Chomsky et aux propositions de la grammaire transformationnelle.

tains résultats. La science de la littérature aura donc pour objet, non pourquoi tel sens doit être accepté, ni même pourquoi il l'a été (ceci, encore une fois, est affaire d'historien), mais pourquoi il est *acceptable*, nullement en fonction des règles philologiques de la lettre, mais en fonction des règles linguistiques du symbole. On retrouve ici, transposée à l'échelle d'une science du discours, la tâche de la linguistique récente, qui est de décrire la *grammaticalité* des phrases, non leur signification. De la même façon, on s'efforcera de décrire l'*acceptabilité* des œuvres, non leur sens. On ne classera pas l'ensemble des sens possibles comme un ordre immobile, mais comme les traces d'une immense disposition « opérante » (puisqu'elle permet de faire des œuvres), élargie de l'auteur à la société. Répondant à la *faculté de langage* postulée par Humboldt et Chomsky, il y a peut-être en l'homme une *faculté de littérature*, une énergie de parole, qui n'a rien à voir avec le « génie », car elle est faite, non d'inspirations ou de volontés personnelles, mais de règles amassées bien au-delà de l'auteur. Ce ne sont pas des images, des idées ou des vers que la voix mythique de la Muse souffle à l'écrivain, c'est la grande logique des symboles, ce sont les grandes formes vides qui permettent de parler et d'opérer.

On imagine les sacrifices qu'une telle science pourrait coûter à ce que nous aimons ou croyons aimer dans la littérature quand nous en parlons, et qui est souvent *l'auteur*. Et pourtant : comment la science pourrait-elle parler d'*un* auteur ? La science de la littérature ne peut qu'apparenter l'œuvre littéraire, bien qu'elle soit signée, au mythe, qui, lui, ne l'est pas [1]. Nous sommes généralement enclins, du moins aujourd'hui, à croire que l'écrivain peut revendiquer le sens de son œuvre et définir lui-même ce sens comme légal ; d'où une interrogation déraisonnable adressée par le critique à l'écrivain mort, à sa vie, aux traces de ses intentions, pour qu'il nous assure lui-même de ce que signifie son œuvre : on veut à tout prix faire parler le mort ou ses substituts, son temps, le genre, le lexique, bref tout le *contemporain* de l'auteur, propriétaire par métonymie du droit de l'écrivain passé sur sa création. Bien plus : on nous demande d'attendre que l'écrivain soit mort pour pouvoir le traiter avec « objectivité » ; curieux renversement : c'est au moment où l'œuvre devient mythique qu'il faut la traiter comme un fait exact.

La mort est d'une autre importance : elle irréalise la signature de l'auteur et fait de l'œuvre un mythe : la vérité des anecdotes s'épuise en vain à

---

1. « Le mythe est une parole qui semble ne pas avoir d'émetteur véritable qui en assumerait le contenu et revendiquerait le sens, donc énigmatique » (L. Sebag, « Le Mythe : code et message », *Les Temps modernes*, mars 1965).

rejoindre la vérité des symboles[1]. Le sentiment populaire le sait bien : nous n'allons pas voir jouer « une œuvre de Racine », mais « du Racine », à la façon dont on va voir « un Western », comme si nous prélevions selon notre gré, à un certain moment de notre semaine, pour nous en nourrir, un peu de la substance d'un grand mythe ; nous n'allons pas voir *Phèdre*, mais « la Berma dans *Phèdre* », comme nous lirions Sophocle, Freud, Hölderlin et Kierkegaard dans *Œdipe* et *Antigone*. Et nous sommes dans la vérité, car nous refusons alors que le mort saisisse le vif, nous libérons l'œuvre des contraintes de l'intention, nous retrouvons le tremblement mythologique des sens. En effaçant la signature de l'écrivain, la mort fonde la vérité de l'œuvre, qui est énigme. Sans doute, l'œuvre « civilisée » ne peut être traitée comme un mythe, au sens ethnologique du terme ; mais la différence tient moins à la signature du message qu'à sa substance : nos œuvres sont écrites, ce qui leur impose des contraintes de sens que le mythe oral ne pouvait connaître : c'est une mythologie de l'écriture qui nous attend ; elle aura pour objet non des œuvres *déterminées*, c'est-à-dire inscrites dans

---

[1]. « Ce qui fait que le jugement de la postérité sur l'individu est plus juste que celui des contemporains, réside dans la mort. On ne se développe à sa manière qu'après sa mort... ». (F. Kafka, *Préparatifs de noce à la campagne*, Gallimard, 1957, p. 366).

Critique et Vérité

un procès de détermination dont une personne (l'auteur) serait l'origine, mais des œuvres *traversées* par la grande écriture mythique où l'humanité essaye ses significations, c'est-à-dire ses désirs.

Il faudra donc accepter de redistribuer les objets de la science littéraire. L'auteur, l'œuvre, ne sont que le départ d'une analyse dont l'horizon est un langage : il ne peut y avoir une science de Dante, de Shakespeare ou de Racine, mais seulement une science du discours. Cette science aura deux grands territoires, selon les signes dont elle traitera ; le premier comprendra les signes inférieurs à la phrase, tels les anciennes figures, les phénomènes de connotation, les « anomalies sémantiques [1] », etc., bref tous les traits du langage littéraire dans son ensemble ; le second comprendra les signes supérieurs à la phrase, les parties du discours d'où l'on peut induire une structure du récit, du message poétique, du texte discursif [2], etc. Grandes et petites

---

1. T. Todorov, « Les anomalies sémantiques » [*Langages*, I, mars 1966].
2. L'analyse structurale du récit donne lieu actuellement à des recherches préliminaires, menées notamment au Centre d'études des communications de masse de l'École pratique des hautes études, à partir des travaux de V. Propp et Cl. Lévi-Strauss. – Sur le message poétique, voir : R. Jakobson, *Essais de linguistique générale*, Minuit, 1963, ch. II, et Nicolas Ruwet : « L'analyse structurale de la poésie » (*Linguistics* 2, déc. 1963) et « Analyse structurale d'un poème français » (*Linguistics* 3, janv. 1964). Cf. également : Cl. Lévi-Strauss

unités du discours sont évidemment dans un rapport d'intégration (comme les phonèmes par rapport aux mots et les mots par rapport à la phrase), mais elles se constituent en niveaux indépendants de description. Pris de cette façon, le texte littéraire s'offrira à des analyses *sûres*, mais il est évident que ces analyses laisseront hors de leur atteinte un résidu énorme. Ce résidu correspondra assez à ce que nous jugeons aujourd'hui essentiel dans l'œuvre (le génie personnel, l'art, l'humanité), à moins que nous ne reprenions intérêt et amour pour la vérité des mythes.

L'objectivité requise par cette nouvelle science de la littérature portera, non plus sur l'œuvre immédiate (qui relève de l'histoire littéraire ou de la philologie), mais sur son intelligibilité. De même que la phonologie, sans refuser les vérifications expérimentales de la phonétique, a fondé une nouvelle objectivité du sens phonique (et non plus seulement du son physique), de même il y a une objectivité du symbole, différente de celle qui est nécessaire à l'établissement de la lettre. L'objet fournit des contraintes de substances, non des règles de signification : la « grammaire » de l'œuvre n'est pas celle de l'idiome dans lequel elle est

---

et R. Jakobson : « *Les Chats* de Charles Baudelaire » (*L'Homme*, II, 1962, 2), et Jean Cohen, *Structure du langage poétique* (Flammarion, 1966).

écrite, et l'objectivité de la nouvelle science dépend de cette seconde grammaire, non de la première. Ce qui intéressera la science de la littérature, ce n'est pas que l'œuvre ait existé, ce sera qu'elle ait été comprise et qu'elle le soit encore : l'intelligible sera la source de son « objectivité ».

Il faudra donc dire adieu à l'idée que la science de la littérature puisse nous enseigner le sens qu'il faut à coup sûr attribuer à une œuvre : elle ne *donnera*, ni même ne *retrouvera* aucun sens, mais décrira selon quelle logique les sens sont engendrés d'une manière qui puisse être *acceptée* par la logique symbolique des hommes, tout comme les phrases de la langue française sont *acceptées* par le « sentiment linguistique » des Français. Un long chemin reste sans doute à parcourir avant que nous puissions disposer d'une linguistique du discours, c'est-à-dire d'une véritable science de la littérature, conforme à la nature verbale de son objet. Car si la linguistique peut nous aider, elle ne peut à elle seule résoudre les questions que lui posent ces objets nouveaux que sont les parties du discours et les doubles sens. Il lui faudra notamment l'aide de l'histoire, qui lui dira la durée, souvent immense, des codes seconds (tel le code rhétorique) et celle de l'anthropologie, qui permettra de décrire, par comparaisons et intégrations successives, la logique générale des signifiants.

Critique et Vérité

La Critique

La critique n'est pas la science. Celle-ci traite des sens, celle-là en produit. Elle occupe, comme on l'a dit, une place intermédiaire entre la science et la lecture ; elle donne une langue à la pure parole qui lit et elle donne une parole (parmi d'autres) à la langue mythique dont est faite l'œuvre et dont traite la science.

Le rapport de la critique à l'œuvre est celui d'un sens à une forme. Le critique ne peut prétendre « traduire » l'œuvre, notamment en plus clair, car il n'y a rien de plus clair que l'œuvre. Ce qu'il peut, c'est « engendrer » un certain sens en le dérivant d'une forme qui est l'œuvre. S'il lit « la fille de Minos et de Pasiphaé », son rôle n'est pas d'établir qu'il s'agit de Phèdre (les philologues le feront très bien), mais de concevoir un réseau de sens tel qu'y prennent place, selon certaines exigences logiques sur lesquelles on reviendra à l'instant, le thème chtonien et le thème solaire. Le critique dédouble les sens, il fait flotter au-dessus du premier langage de l'œuvre un second langage, c'est-à-dire une cohérence de signes. Il s'agit en somme d'une sorte d'anamorphose, étant bien entendu, d'une part, que l'œuvre ne se prête jamais à un pur reflet (ce n'est pas un objet spéculaire comme une

Critique et Vérité

pomme ou une boîte), et d'autre part, que l'anamorphose elle-même est une transformation *surveillée*, soumise à des contraintes optiques : de ce qu'elle réfléchit, elle doit *tout* transformer ; ne transformer que suivant certaines lois ; transformer toujours dans le même sens. Ce sont là les trois contraintes de la critique.

Le critique ne peut dire « *n'importe quoi*[1] ». Ce qui contrôle son propos n'est pourtant pas la peur morale de « délirer » ; d'abord parce qu'il laisse à d'autres le soin indigne de trancher péremptoirement entre la raison et la déraison, au siècle même où leur partage est remis en cause[2] ; ensuite parce que le droit à « délirer » a été conquis par la littérature depuis Lautréamont au moins et que la critique pourrait fort bien entrer en délire selon des motifs poétiques, pour peu qu'elle le déclarât ; enfin parce que les délires d'aujourd'hui sont parfois les vérités de demain : Taine n'aurait-il point paru « délirant » à Boileau, Georges Blin à Brunetière ? Non, si le critique est tenu à dire quelque chose (et non n'importe quoi), c'est qu'il accorde à la parole (celle de l'auteur et la sienne) une fonction signifiante et que par conséquent l'anamorphose qu'il imprime à

---

1. Accusation portée contre la nouvelle critique par R. Picard (*op. cit.*, p. 66).
2. Faut-il rappeler que la folie a une histoire – et que cette histoire n'est pas finie ? (Michel Foucault, *Folie et déraison. Histoire de la folie à l'âge classique*, Plon, 1961.)

Critique et Vérité

l'œuvre (et à laquelle personne au monde n'a le pouvoir de se soustraire) est guidée par les contraintes formelles du sens : on ne fait pas du sens n'importe comment (si vous en doutez, essayez) : la sanction du critique, ce n'est pas le sens de l'œuvre, c'est le sens de ce qu'il en dit.

La première contrainte est de considérer que dans l'œuvre tout est signifiant : une grammaire n'est pas bien décrite si *toutes* les phrases ne peuvent s'y expliquer ; un système de sens est inaccompli, si *toutes* les paroles ne peuvent s'y ranger à une place intelligible : qu'un seul trait soit de trop et la description n'est pas bonne. Cette règle d'exhaustivité, que les linguistes connaissent bien, est d'une autre portée que l'espèce de contrôle statistique dont on semble vouloir faire une obligation au critique[1]. Une opinion obstinée, venue une fois de plus d'un prétendu modèle des sciences physiques, lui souffle qu'il ne peut retenir dans l'œuvre que des éléments fréquents, répétés, faute de quoi il se rend coupable de « *généralisations abusives* » et d'*« extrapolations aberrantes »* ; vous ne pouvez, lui dit-on, traiter comme « générales » des situations que l'on trouve seulement dans deux ou trois tragédies de Racine. Il faut rappeler une fois de plus[2] que, struc-

---

1. R. Picard, *op. cit.*, p. 64.
2. Cf. Roland Barthes, « À propos de deux ouvrages de Claude Lévi-Strauss : Sociologie et Socio-logique » (*Infor-*

turalement, le sens ne naît point par répétition mais par différence, en sorte qu'un terme rare, dès lors qu'il est saisi dans un système d'exclusions et de relations, signifie tout autant qu'un terme fréquent : en français le mot *baobab* n'a ni plus ni moins de sens que le mot *ami*. Le décompte des unités signifiantes a son intérêt et une partie de la linguistique s'en occupe ; mais il éclaire l'*information*, non la signification. Du point de vue critique, il ne peut conduire qu'à une impasse ; car à partir du moment où l'on définit l'intérêt d'une notation, ou si l'on veut, le degré de persuasion d'un trait, par le nombre de ses occurrences, il faut décider méthodiquement de ce nombre : à partir de combien de tragédies aurais-je le droit de « généraliser » une situation racinienne ? Cinq, six, dix ? Dois-je dépasser la « moyenne » pour que le trait soit notable et que le sens surgisse ? Que ferai-je des termes rares ? M'en débarrasser sous le nom pudique d'« exceptions », d'« écarts » ? Autant d'absurdités, que la sémantique permet précisément d'éviter. Car « *généraliser* » n'y désigne pas une opération quantitative (induire du nombre de ses occurrences la vérité d'un trait) mais qualitative (insérer tout terme, même rare, dans un ensemble général de relations). Certes, à elle seule, une

---

mations sur les sciences sociales, Unesco, déc. 1962 [*OC*, t. I, p. 969]).

Critique et Vérité

image ne fait pas l'imaginaire[1], mais l'imaginaire ne peut se décrire sans cette image-ci, si fragile ou solitaire qu'elle soit, sans le ceci, indestructible, de cette image. Les « *généralisations* » du langage critique ont trait à l'étendue des rapports dont fait partie une notation, non point au nombre des occurrences matérielles de cette notation : un terme peut n'être formulé qu'une seule fois dans toute l'œuvre, et cependant, par l'effet d'un certain nombre de transformations, qui définissent précisément le fait structural, y être présent « *partout* » et « *toujours*[2] ».

Ces transformations ont elles aussi leurs contraintes : ce sont celles de la logique symbolique. On oppose au « délire » de la nouvelle critique « *les règles élémentaires de la pensée scientifique ou même simplement articulée*[3] » ; c'est stupide ; il y a une logique du signifiant. Certes on ne la connaît pas bien et il n'est pas encore facile de savoir de quelle « connaissance » elle peut être l'objet ; du moins peut-on l'approcher, comme s'y emploient la psychanalyse et le structuralisme ; du moins sait-on qu'on ne peut parler des symboles n'importe comment ; du moins dispose-t-on – ne serait-ce que provisoirement – de certains modèles

---

1. R. Picard, *op. cit.*, p. 43.
2. *Ibid.*, p. 19.
3. *Ibid.*, p. 58.

qui permettent d'expliquer selon quelles filières s'établissent les chaînes de symboles. Ces modèles devraient prémunir contre l'étonnement, lui-même assez étonnant, que l'ancienne critique éprouve à voir rapprocher l'étouffement et le poison, la glace et le feu [1]. Ces formes de transformation ont été énoncées à la fois par la psychanalyse et la rhétorique [2]. Ce sont, par exemple : la substitution proprement dite (métaphore), l'omission (ellipse), la condensation (homonymie), le déplacement (métonymie), la dénégation (antiphrase). Ce que le critique cherche à retrouver, ce sont donc des transformations réglées, non aléatoires, portant sur des chaînes très étendues (*l'oiseau*, *l'envol*, *la fleur*, *le feu d'artifice*, *l'éventail*, *le papillon*, *la danseuse*, chez Mallarmé [3]), permettant des liaisons lointaines mais légales (*le grand fleuve calme* et *l'arbre automnal*), en sorte que l'œuvre, loin d'être lue d'une façon « délirante », est pénétrée d'une unité de plus en plus large. Ces liaisons sont faciles ? Pas plus que celles de la poésie elle-même.

Le livre est un monde. Le critique éprouve devant le livre les mêmes conditions de parole que l'écrivain devant le monde. C'est ici que l'on arrive

---

1. *Ibid.*, p. 15 et p. 23.
2. Cf. E. Benveniste, « Remarques sur la fonction du langage dans la découverte freudienne » [*Problèmes de linguistique générale*, t. I, Gallimard, 1966].
3. J.-P. Richard, *op. cit.*, p. 304 s.

à la troisième contrainte de la critique. Comme celle de l'écrivain, l'anamorphose que le critique imprime à son objet est toujours dirigée : elle doit toujours aller dans le même sens. Quel est ce sens ? Est-ce celui de la « subjectivité », dont on fait au nouveau critique un casse-tête ? On entend ordinairement par critique « subjective » un discours laissé à l'entière discrétion d'un *sujet*, qui ne tient aucun compte de l'*objet*, et que l'on suppose (pour mieux l'accabler) réduit à l'expression anarchique et bavarde de sentiments individuels. À quoi l'on pourrait déjà répondre qu'une subjectivité systématisée, c'est-à-dire *cultivée* (relevant de la culture), soumise à des contraintes immenses, issues elles-mêmes des symboles de l'œuvre, a plus de chance, peut-être, d'approcher l'objet littéraire, qu'une objectivité inculte, aveugle sur elle-même et s'abritant derrière la lettre comme derrière une nature. Mais à vrai dire, ce n'est pas exactement cela dont il s'agit : la critique n'est pas la science : ce n'est pas l'objet qu'il faut opposer au sujet, en critique, mais son prédicat. On dira d'une autre façon que le critique affronte un objet qui n'est pas l'œuvre, mais son propre langage. Quel rapport un critique peut-il avoir avec le langage ? C'est de ce côté qu'il faut chercher à définir la « subjectivité » du critique.

La critique classique forme la croyance naïve que le sujet est un « plein », et que les rapports du sujet et du langage sont ceux d'un contenu et d'une expression. Le recours au discours symbolique conduit, semble-t-il, à une croyance inverse : le sujet n'est pas une plénitude individuelle qu'on a le droit ou non d'évacuer dans le langage (selon le « genre » de littérature que l'on choisit), mais au contraire un vide autour duquel l'écrivain tresse une parole infiniment transformée (insérée dans une chaîne de transformation), en sorte que toute écriture *qui ne ment pas* désigne, non les attributs intérieurs du sujet, mais son absence[1]. Le langage n'est pas le prédicat d'un sujet, inexprimable ou qu'il servirait à exprimer, il est le sujet[2]. Il me semble (et je ne crois pas être le seul à le penser) que c'est cela très précisément qui définit la littérature : s'il s'agissait simplement d'exprimer (comme un citron) des sujets et des objets également pleins, par des « images », à quoi bon la littérature ? Le discours de mauvaise foi y suffirait. Ce qui emporte le symbole, c'est la nécessité de désigner inlassablement le *rien* du *je* que je suis. En ajoutant son langage à celui de l'auteur et ses

---

1. On reconnaît ici un écho, fût-il déformé, de l'enseignement du docteur Lacan, à son séminaire de l'École pratique des hautes études.
2. *» Il n'est de subjectif que l'inexprimable »*, dit R. Picard (*op. cit.*, p. 13). C'est expédier un peu vite les rapports du sujet et du langage, dont d'autres « penseurs » que R. Picard font un problème particulièrement difficile.

Critique et Vérité

symboles à ceux de l'œuvre, le critique ne « déforme » pas l'objet pour s'exprimer en lui, il n'en fait pas le prédicat de sa propre personne ; il reproduit une fois de plus, comme un signe décroché et varié, le signe des œuvres elles-mêmes, dont le message, infiniment ressassé, n'est pas telle « subjectivité », mais la confusion même du sujet et du langage, en sorte que la critique et l'œuvre disent toujours : *je suis littérature*, et que, par leurs voix conjuguées, la littérature n'énonce jamais que l'absence du sujet.

Certes, la critique est une lecture profonde (ou mieux encore : *profilée*), elle découvre dans l'œuvre un certain intelligible, et en cela, il est vrai, elle déchiffre et participe d'une interprétation. Pourtant ce qu'elle dévoile ne peut être un signifié (car ce signifié recule sans cesse jusqu'au vide du sujet), mais seulement des chaînes de symboles, des homologies de rapports : le « sens » qu'elle donne de plein droit à l'œuvre n'est finalement qu'une nouvelle efflorescence des symboles qui font l'œuvre. Lorsqu'un critique tire de l'oiseau et de l'éventail mallarméens un « sens » commun, celui de l'*aller-et-retour*, du *virtuel*[1], il ne désigne pas une dernière vérité de l'image mais seulement une nouvelle image, elle-même suspendue. La critique n'est pas une traduction, mais une périphrase.

1. J.-P. Richard, *op. cit.*, III, VI.

Critique et Vérité

Elle ne peut prétendre retrouver le « fond » de l'œuvre, car ce fond est le sujet même, c'est-à-dire une absence : toute métaphore est un signe sans fond, et c'est ce lointain du signifié que le procès symbolique, dans sa profusion, désigne : le critique ne peut que continuer les métaphores de l'œuvre, non les réduire : encore une fois, s'il y a dans l'œuvre un signifié « enfoui » et « objectif », le symbole n'est qu'euphémisme, la littérature n'est que déguisement et la critique n'est que philologie. Il est stérile de ramener l'œuvre à de l'explicite pur, puisque alors il n'y a *tout de suite* plus rien à en dire et que la fonction de l'œuvre ne peut être de fermer les lèvres de ceux qui la lisent ; mais il est à peine moins vain de chercher dans l'œuvre ce qu'elle dirait sans le dire et de lui supposer un secret ultime, lequel découvert, il n'y aurait également plus rien à y ajouter : quoi qu'on dise de l'œuvre, il y reste toujours, *comme à son premier moment*, du langage, du sujet, de l'absence.

La mesure du discours critique, c'est sa *justesse*. De même qu'en musique, bien qu'une note juste ne soit pas une note « vraie », la vérité du chant dépend, tout compte fait, de sa justesse, parce que la justesse est faite d'un unisson ou d'une harmonie, de même, pour être vrai, il faut que le critique soit juste et qu'il essaye de reproduire dans son propre langage, selon « *quelque mise en scène spi-*

rituelle exacte[1] », les conditions symboliques de l'œuvre, faute de quoi, précisément, il ne peut la « respecter ». Il y a en effet deux façons, il est vrai d'éclat inégal, de manquer le symbole. La première, on l'a vu, est fort expéditive : elle consiste à nier le symbole, à ramener tout le profil signifiant de l'œuvre aux platitudes d'une fausse lettre ou à l'enfermer dans l'impasse d'une tautologie. Tout à l'opposé, la seconde consiste à interpréter scientifiquement le symbole : à déclarer d'une part, que l'œuvre s'offre au déchiffrement (ce en quoi on la reconnaît symbolique), mais d'autre part, à mener ce déchiffrement au moyen d'une parole elle-même littérale, sans profondeur, sans fuite, chargée d'arrêter la métaphore infinie de l'œuvre pour posséder dans cet arrêt sa « vérité » : de ce type sont les critiques symboliques d'intention scientifique (sociologique ou psychanalytique). C'est dans les deux cas la disparité arbitraire des langages, celui de l'œuvre et celui du critique, qui fait manquer le symbole : vouloir réduire le symbole est aussi excessif que de s'obstiner à ne voir que la lettre. *Il faut que le symbole aille chercher le symbole*, il faut qu'une langue parle pleinement une autre langue : c'est ainsi finalement que la lettre de l'œuvre est respectée. Ce détour qui rend enfin le critique

1. Mallarmé, Préface à « Un coup de dés jamais n'abolira le hasard » (*Œuvres complètes*, Pléiade, p. 455).

Critique et Vérité

à la littérature n'est pas vain : il permet de lutter contre une double menace : parler d'une œuvre expose en effet à verser dans une parole nulle, soit bavardage, soit silence, ou dans une parole réifiante qui immo-bilise sous une lettre ultime le signifié qu'elle croit avoir trouvé. En critique, la parole juste n'est possible que si la responsabilité de l'« interprète » envers l'œuvre s'identifie à la responsabilité du critique envers sa propre parole.

Face à la science de la littérature, même s'il l'entrevoit, le critique reste infiniment démuni, car il ne peut disposer du langage comme d'un bien ou d'un instrument : *il est celui qui ne sait à quoi s'en tenir sur la science de la littérature*. Quand bien même lui définirait-on cette science comme purement « exposante » (et non plus explicative), il s'en trouverait encore séparé : ce qu'il expose est le langage lui-même, non son objet. Cependant cette distance n'est pas entiè-rement déficitaire, si elle permet à la critique de développer ce qui manque précisément à la science et que l'on pourrait appeler d'un mot : *l'ironie*. L'ironie n'est rien d'autre que la question posée au langage par le langage[1]. L'habitude que nous avons prise de don-

---

1. Dans la mesure où il y a un *certain* rapport entre le critique et le romancier, l'ironie du critique (à l'égard de son propre langage comme objet de création) n'est pas fonda-

ner au symbole un horizon religieux ou poétique nous empêche de percevoir qu'il y a une ironie des symboles, une façon de mettre le langage en question par les excès apparents, déclarés, du langage. Face à la pauvre ironie voltairienne, produit narcissique d'une langue trop confiante en elle-même, on peut imaginer une autre ironie, que, faute de mieux, l'on appellera *baroque*, parce qu'elle joue des formes et non des êtres, parce qu'elle épanouit le langage au lieu de le rétrécir [1]. Pourquoi serait-elle interdite à la critique ? Elle est peut-être la seule parole sérieuse qui lui soit laissée, tant que le statut de la science et du langage n'est pas bien établi – ce qui semble être encore le cas aujourd'hui. L'ironie est alors ce qui est donné immédiatement au critique : non pas de voir la

---

mentalement différente de l'ironie ou de l'humour qui marque, selon Lukács, René Girard et L. Goldmann, la façon dont le romancier dépasse la conscience de ses héros (cf. L. Goldmann, « Introduction aux problèmes d'une sociologie du roman », *Revue de l'Institut de sociologie*, Bruxelles, 1963, 2, p. 229). – Inutile de dire que cette ironie (ou auto-ironie) n'est jamais perceptible aux adversaires de la nouvelle critique.

1. Le gongorisme, au sens transhistorique du terme, comporte toujours un élément réflexif ; à travers des tons qui peuvent varier beaucoup, allant de l'oratoire au simple jeu, la figure excessive contient une réflexion sur le langage, dont le sérieux est éprouvé (cf. Severo Sarduy, « Sur Góngora », *Tel Quel* n° 25 [in *Barroco*, Seuil, 1975]).

vérité, selon le mot de Kafka, mais de l'être[1], en sorte que nous soyons en droit de lui demander, non point : *faites-moi croire à ce que vous dites*, mais plus encore : *faites-moi croire à votre décision de le dire.*

La Lecture

Il reste encore une dernière illusion à quoi il faut renoncer : le critique ne peut en rien se substituer au lecteur. C'est en vain qu'il se prévaudra – ou qu'on lui demandera – de prêter une voix, si respectueuse soit-elle, à la lecture des autres, de n'être lui-même qu'un lecteur auquel d'autres lecteurs ont délégué l'expression de leurs propres sentiments, en raison de son savoir ou de son jugement, bref de figurer les droits d'une collectivité sur l'œuvre. Pourquoi ? Parce que même si l'on définit le critique comme un lecteur qui écrit, cela veut dire que ce lecteur rencontre sur son chemin un médiateur redoutable : l'écriture.

Or, écrire, c'est d'une certaine façon fracturer le monde (le livre) et le refaire. Que l'on veuille bien penser ici à la manière profonde et subtile, comme

---

[1] « Tout le monde ne peut pas voir la vérité, mais tout le monde peut l'être... » F. Kafka, cité par Marthe Robert, *op. cit.*, p. 80.

à l'accoutumée, dont le Moyen Âge avait réglé les rapports du livre (trésor antique) et de ceux qui avaient la charge de reconduire cette matière absolue (absolument respectée) à travers une nouvelle parole. Nous ne connaissons aujourd'hui que l'historien et le critique (encore veut-on indûment nous faire croire qu'il faut les confondre) ; le Moyen Âge, lui, avait établi autour du livre quatre fonctions distinctes : le *scriptor* (qui recopiait sans rien ajouter), le *compilator* (qui n'ajoutait jamais du sien), le *commentator* (qui n'intervenait de lui-même dans le texte recopié que pour le rendre intelligible) et enfin l'*auctor* (qui donnait ses propres idées, en s'appuyant toujours sur d'autres autorités). Un tel système, établi explicitement à la seule fin d'être « fidèle » au texte ancien, seul Livre reconnu (peut-on imaginer plus grand « respect » que celui du Moyen Âge pour Aristote ou Priscien ?), un tel système a cependant produit une « interprétation » de l'Antiquité que la modernité s'est empressée de récuser et qui apparaîtrait à notre critique « objective » parfaitement « délirante ». C'est qu'en fait la vision critique commence au *compilator* lui-même : il n'est pas nécessaire d'ajouter de soi à un texte pour le « déformer » : il suffit de le citer, c'est-à-dire de le découper : un nouvel intelligible naît immédiatement ; cet intelligible peut être plus ou moins accepté : il n'en est pas moins constitué. Le critique n'est rien d'autre qu'un *commentator*, mais il l'est pleinement (et cela suffit à l'exposer) : car d'une part, c'est un transmetteur, il reconduit une matière passée (qui souvent en a besoin : car enfin Racine n'a-t-il pas quelque dette envers Georges Poulet, Verlaine envers Jean-Pierre Richard ?[1]) ; et d'autre part, c'est un opérateur, il redistribue les éléments de l'œuvre de façon à lui donner une certaine intelligence, c'est-à-dire une certaine distance.

Autre séparation entre le lecteur et le critique : alors qu'on ne sait comment un lecteur *parle* à un livre, le critique, lui, est obligé de prendre un certain « ton », et ce ton, tout compte fait, ne peut être qu'affirmatif. Le critique peut bien douter et souffrir en lui-même de mille manières et sur des points imperceptibles au plus malveillant de ses censeurs, il ne peut finalement recourir qu'à une écriture pleine, c'est-à-dire assertive. Il est dérisoire de prétendre esquiver l'acte d'institution qui fonde toute écriture par des protestations de modestie, de doute ou de prudence : ce sont là des signes codés, comme les autres : ils ne peuvent rien garantir. L'écriture *déclare*, et c'est en cela qu'elle est écriture. Comment la critique pourrait-elle être inter-

---

1. Georges Poulet : « Notes sur le temps racinien » (*Études sur le temps humain*, Plon, 1950). – J.-P. Richard : « Fadeur de Verlaine » (*Poésie et profondeur*, Seuil, 1955).

rogative, optative ou dubitative, sans mauvaise foi, puis-qu'elle est écriture et qu'écrire, c'est précisément rencontrer le risque apophantique, l'alternative inéluctable du vrai/faux ? Ce que dit le dogmatisme de l'écriture, s'il s'en trouve, c'est un engagement, non une certitude ou une suffisance : ce n'est rien qu'un acte, ce peu d'acte qui subsiste dans l'écriture.

Ainsi « toucher » à un texte, non des yeux, mais de l'écriture, met entre la critique et la lecture un abîme, qui est celui-là même que toute signification met entre son bord signifiant et son bord signifié. Car du sens que la lecture donne à l'œuvre, comme du signifié, personne au monde ne sait rien, peut-être parce que ce sens, étant le désir, s'établit au-delà du code de la langue. Seule la lecture aime l'œuvre, entretient avec elle un rapport de désir. Lire, c'est désirer l'œuvre, c'est vouloir être l'œuvre, c'est refuser de doubler l'œuvre en dehors de toute autre parole que la parole même de l'œuvre : le seul commentaire que pourrait produire un pur lecteur, et qui le resterait, c'est le pastiche (comme l'indiquerait l'exemple de Proust, amateur de lectures et de pastiches). Passer de la lecture à la critique, c'est changer de désir, c'est désirer non plus l'œuvre, mais son propre langage. Mais par là même aussi, c'est renvoyer l'œuvre au désir de l'écriture, dont elle était sortie. Ainsi tourne la parole autour du livre : *lire, écrire* : d'un

Critique et Vérité

désir à l'autre va toute littérature. Combien d'écrivains n'ont écrit que pour avoir lu ? Combien de critiques n'ont lu que pour écrire ? Ils ont rapproché les deux bords du livre, les deux faces du signe, pour que n'en sorte qu'une parole. La critique n'est qu'un moment de cette histoire dans laquelle nous entrons et qui nous conduit à l'unité – à la vérité de l'écriture.

Février 1966.

Du même auteur

AUX MÊMES ÉDITIONS

Le Degré zéro de l'écriture
suivi de Nouveaux Essais critiques
1953 et « Points Essais », n° 35, 1972

Michelet par lui-même
*« Écrivains de toujours », 1954
réédition en 1995*

Mythologies
*1957 et « Points Essais », n° 10, 1970
et édition illustrée, 2010
(établie par Jacqueline Guittard)*

Sur Racine
1963 et « Points Essais », n° 97, 1979

Essais critiques
1964 et « Points Essais », n° 127, 1981

Système de la Mode
1967 et « Points Essais », n° 147, 1983

S/Z
1970 et « Points Essais », n° 70, 1976

Sade, Fourier, Loyola
1971 et « Points Essais », n° 116, 1980

Le Plaisir du texte
1973 et « Points Essais », n° 135, 1982

Roland Barthes par Roland Barthes
« *Écrivains de toujours* », *1975, 1995*
et « Points Essais », n° 631, 2010

Fragments d'un discours amoureux, *1977*

Poétique du récit
(en collab.)
« Points Essais », n° 78, 1977

Leçon
1978 et « Points Essais », n° 205, 1989

Sollers écrivain
1979

Le Grain de la voix
Entretiens (1962-1980)
1981 et « Points Essais », n° 395, 1999

Littérature et Réalité
(en collab.)
« Points Essais », n° 142, 1982

Essais critiques III
L'Obvie et l'Obtus
1982 et « Points Essais », n° 239, 1992

Essais critiques IV
Le Bruissement de la langue
1984 et « Points Essais », n° 258, 1993

L'Aventure sémiologique
1985 et « Points Essais », n° 219, 1991

Incidents, *1987*

ŒUVRES COMPLÈTES
t.1, 1942-1965
1993
t.2, 1966-1973
1994
t.3, 1974-1980
1995
Nouvelle édition revue, corrigée et présentée par Éric Marty,
2002

Le Plaisir du texte
précédé de Variations sur l'écriture
(préface de Carlo Ossola)
2000

Comment vivre ensemble
Simulations romanesques de quelques espaces quotidiens
Cours et séminaires au Collège de France 1976-1977
(Texte établi, annoté et présenté par Claude Coste,
sous la direction d'Éric Marty)
« Traces écrites », 2002

Le Neutre
Cours et séminaires au Collège de France 1977-1978
(Texte établi, annoté et présenté par Thomas Clerc,
sous la direction d'Éric Marty)
« Traces écrites », 2002

Écrits sur le théâtre
(Textes présentés et réunis par Jean-Loup Rivière)
« Points Essais », n° 492, 2002

La Préparation du roman I et II
Cours et séminaires au Collège de France
(1978-1979 et 1979-1980)
« Traces écrites », 2003

L'Empire des signes *(1970)*
« Points Essais », n° 536, 2005

Le Discours amoureux
Séminaire à l'École pratique des hautes études
(1974-1976)
« Traces écrites », 2007

Journal de deuil
(Texte établi et annoté par Nathalie Léger)
« Fiction & Cie »/Imec, 2009

Le Lexique de l'auteur
Séminaire à l'École pratique des hautes études (1973-1974)
Suivi de Fragments inédits de Roland Barthes par Roland Barthes
(avant-propos d'Éric Marty, présentation
et édition d'Anne Herschberg Pierrot)
« Traces écrites », 2010

Barthes
(textes choisis et présentés par Claude Coste)
Éditions Points, « Points Essais », n° 649, 2010

CHEZ D'AUTRES ÉDITEURS

Erté
Ricci, 1975

Archimboldo
Ricci, 1978

La Chambre claire
Gallimard/Seuil, 1980, 2005

Sur la littérature
(avec Maurice Nadeau)
PUG, 1980

La Tour Eiffel
(en collab. avec André Martin)
CNP/Seuil, 1989, 1999

Janson
Altamira, 1999

Le bleu est à la mode cette année
Institut français de la mode, 2001

Carnet du voyage en Chine
Christian Bourgois/Imec, 2009

COMPOSITION : CHARENTE PHOTOGRAVURE À L'ISLE-D'ESPAGNAC
IMPRESSION : NORMANDIE ROTO IMPRESSION S.A.S. À LONRAI
DÉPÔT LÉGAL : SEPTEMBRE 1999. N° 38180-4 (103163)
IMPRIMÉ EN FRANCE